AF457192

NOTICE

DE QUELQUES

MSS. DE LA COLLECTION LIBRI, A FLORENCE

On sait que le gouvernement italien a récemment acquis la plus grande partie de la collection de manuscrits vendue en 1847 au feu comte d'Ashburnham par Libri[1].

De cette vente ont été exceptés les volumes et portefeuilles, formant en totalité 100 numéros, que l'éminent directeur de la Bibliothèque nationale, M. L. Delisle a prouvé, dans une série de travaux mémorables, avoir été enlevés frauduleusement de nos bibliothèques publiques. Le gouvernement italien, en refusant d'acheter des objets dont l'origine était sujette à contestation, a fait preuve du scrupule le plus honorable. Les manuscrits dont l'Italie est ainsi récemment entrée en possession, et qui sont actuellement déposés à la Bibliothèque Laurentienne à Florence, sont, pour le plus grand nombre, d'origine purement italienne. Ils retournent, à tous égards, très légitimement dans le pays où on saura le mieux les apprécier et les mettre en valeur. Il en est toutefois quelques-uns qui ont pour l'histoire ou la littérature de notre pays un intérêt particulier. Entre ceux-là il en est trois ou quatre que je me propose de faire connaître par des descriptions détaillées, en utilisant des notes prises lorsque ces mss. étaient conservés à Ashburnham Place, dans le comté de Sussex, où, grâce à la bienveillance des deux derniers comtes d'Ashburnham, j'ai eu à plusieurs reprises, depuis 1865, le loisir de les examiner. J'ai pu cette année même, à Florence, vérifier et compléter mes extraits, et je suis heureux à cette occasion de pouvoir offrir

1. Voir une note que j'ai publiée à ce sujet dans la *Revue critique* du 16 juin 1884, et qui a été reproduite dans la *Bibliothèque de l'Ecole des Chartes*, XLV (1884), 434-5.

l'expression de ma reconnaissance à M. le sénateur Villari, qui a négocié pour le gouvernement italien l'acquisition de cette précieuse collection, et à M. l'abbé Anziani, le savant conservateur de la Laurentienne, pour l'obligeance dont ils ont fait preuve à mon égard pendant mon séjour à Florence.

I.

LE MS. LIBRI 105, CONTENANT DIVERS DOCUMENTS INÉDITS DE LA LITTÉRATURE PROVENÇALE.

Ce manuscrit est l'un de ceux que Libri a volés à la Bibliothèque de Tours. Il a déjà été dit, dans un précédent article, qu'il portait la marque qu'on observe sur les mss. de Lesdiguières [1], marque qui certainement a dû être inscrite avant le temps où vécut le célèbre connétable. Ajoutons maintenant qu'on y peut encore distinguer l'inscription, grattée mais cependant visible, que portent tous les mss. acquis à Toulouse en 1716 par l'abbaye de Marmoutier. A ce seul titre il mériterait d'être particulièrement signalé. Mais il se recommande encore à notre attention par le grand nombre de textes provençaux jusqu'ici inconnus qu'il renferme, et par cette circonstance qu'étant à peu près daté de temps et de lieu, il est pour l'histoire de la langue provençale un document précieux.

Le ms. Libri 105, en papier épais, ayant 0,205 de hauteur sur 0,145 de largeur, est actuellement divisé en deux volumes cotés respectivement 105 *a* et 105 *b*. La reliure est moderne et peut bien être postérieure au temps où Libri s'est approprié une notable portion des mss. de Tours. Il se peut que les deux volumes actuels n'en aient formé jadis qu'un seul; il me paraît cependant plus probable que le ms. a été divisé dès l'origine en deux parties distinctes, mais dans cette dernière hypothèse, il est certain que les deux parties n'étaient pas constituées comme elles le sont actuellement, car dans l'état présent divers cahiers sont déplacés, de telle sorte que deux des ouvrages que contient le ms. se trouvent partie dans le premier volume et partie dans le second.

Avant d'entrer dans l'examen détaillé du contenu, il convient de donner une idée de l'état matériel de ces deux volumes.

Le nº **105** a contient 101 feuillets qui appartiennent à deux séries mal à propos rapprochées dans la reliure actuelle. La première série va du fol. 1 au fol. 93, la seconde du fol. 94 au fol. 101 [2].

---

1. *Romania*, XII, 341-2.

2. Ou 102 en comptant le dernier feuillet qui est blanc. Il manque au moins un feuillet entre les ff. 12 et 13. La pagination actuelle a été mise par moi, jadis, à Ashburnham Place.

Ff. 1-93. Cette série comprend trois feuillets très endommagés contenant diverses tables de mesures et des recettes, puis, à partir du fol. 4, les articles de la description qui suit. L'article XIV (exposition du *pater* en prose) est incomplet : nous en trouverons la fin dans le n° 105 *b*. L'examen matériel du ms. montre que ces 93 feuillets se sont toujours suivis dans l'ordre actuel.

Ff. 94-101, morceau paginé anciennement *xlij*, etc., dont il faut chercher le commencement dans l'autre volume.

Le n° 105 b contient 61 feuillets qu'il convient encore de répartir en deux séries.

Ff. 1-50, série continue comprenant 1° le journal de Pierre de Serras et une longue suite de recettes variées. C'est ici que commence, à partir du fol. 9 de la pagination actuelle, le morceau anciennement paginé (*j-xlij*) dont la fin (*xliij* et suiv.) se trouve dans le n° 105 *a*.

Les huit premiers feuillets, non compris dans cette ancienne pagination, doivent s'être trouvés dès 1354 à la place qu'ils occupent, parce que le journal de Peire de Serras se continue, par des paragraphes datés de 1354 et 1356, sur le recto du fol. 9, lequel est dans l'ancienne pagination coté *.j*.

Ff. 51-61, contient la fin de l'article XIV (exposition du *pater* en prose) resté interrompu dans le n° 105 *a*, et l'article XV.

On voit que dans chaque volume la seconde partie est déplacée. Il faudrait mettre la seconde partie de 105 *a* dans 105 *b* et la seconde partie de 105 *b* dans 105 *a*, de la façon suivante :

n° 105 *a* ff. 1-93 }
105 *b* ff. 51-61 } un volume.
n° 105 *b* ff. 1-50 }
105 *a* ff. 94-101 } un volume.

Voilà donc nos deux volumes reconstitués. Reste la question de savoir lequel de ces deux tomes est le premier et lequel est le second. Mais cette question n'a d'intérêt que si on suppose que le tout a formé originairement un seul volume, ce dont je doute. En somme, les deux tomes tels que nous venons de les rétablir sont indépendants l'un de l'autre : il n'y a pas de raison pour que l'un passe avant l'autre, bien qu'ils soient probablement de la même main.

Ce qui me fait croire que ces deux volumes n'ont jamais été reliés en un seul, c'est d'abord que tous deux ont leurs premiers feuillets plus ou moins endommagés. Dans le n° 105 *a* les trois premiers sont en grande partie mutilés, et tel est aussi le cas du feuillet 1 de 105 *b*. Cet accident n'aurait pu arriver qu'à l'un seulement des deux volumes, s'ils avaient été anciennement reliés ensemble. D'autre part, il se trouve que chacun des deux a été à son tour considéré comme étant le premier du recueil.

En effet, au fol. 2 du nº 105 *b* se trouve la marque *propria* ou *prop^a* dont l'existence a déjà été constatée sur un grand nombre des mss. du connétable de Lesdiguières[1]. Cette marque était ordinairement placée sur le premier ou sur le dernier feuillet ; dans le cas présent elle a été placée sur le second, parce que le premier est en partie déchiré, de façon que toute la partie qui en subsiste est couverte d'écriture. Ce feuillet était sans doute dans cet état lorsque la marque a été apposée, probablement au XVIe siècle. D'autre part, il paraît que le nº 105 *a* été considéré par les moines de Marmoutiers comme le tome I de l'ouvrage, car ils ont placé au haut de ce volume l'inscription qui constate l'acquisition faite à Toulouse en 1716. Elle a été grattée par Libri. Cependant j'ai pu lire encore, après emploi d'un réactif, les mots *Majoris monasterii congregationis sancti Mauri* 1716, qui se lisent sur tous les manuscrits de la même provenance.

Le ms., comme on vient de le dire, a souffert au commencement de chacune de ses deux parties. Je crois bien que le nº 105 *a* n'a rien perdu, sinon quelques morceaux de ses trois premiers feuillets. Mais pour le nº 105 *b*, dont le premier feuillet est en partie déchiré, il est plus difficile de se former une opinion. La reliure est si serrée que je ne suis pas arrivé à me rendre un compte exact de la formation des cahiers. Je vois bien que les feuillets 4 à 17 forment un gros cahier de sept feuillets doubles[2], mais l'arrangement des trois premiers feuillets m'échappe. C'est du fol. 1 au fol. 9 recto que s'étend le journal de Peyre de Serras qui est, selon toute apparence, incomplet du début, sans que nous soyons en mesure de constater l'étendue de ce qui manque. Dans le reste du ms. je crois qu'il n'y a guère qu'une lacune, celle qui prend place entre les ff. 12 et 13, qui paraît être d'un seul feuillet.

Quant à l'écriture des deux volumes, elle présente, à première vue, en certaines parties, des variétés d'où l'on pourrait conclure que trois mains ont concouru à la composition du ms. On pourrait distinguer une écriture assez soignée et régulière, pour la partie anciennement paginée, qui comprend diverses recettes médicales et un glossaire de noms de plantes, une seconde écriture plus grosse, pour les ff. 82 à 93 du nº 105 *a* et 51

---

1. Voy. *Romania*, XII, 340, et *Raoul de Cambrai*, édition de la Société des Anciens Textes, p. lxxvj. La dénomination de « ms. Lesdiguières » pour les mss. qui portent cette marque peut n'être pas toujours très exacte, parce que la marque est certainement antérieure au temps du connétable ; je la conserve à titre provisoire, me réservant de revenir plus tard sur ce sujet.

2. La pagination ancienne dont il a été parlé plus haut commence donc dans le courant de ce cahier (au fol. 9 actuel) et par conséquent les premiers feuillets avaient été laissés en blanc pour recevoir des additions, usage auquel ils ont été en effet employés.

à 54 du nº 105 *b* qui, originairement, se suivaient. L'encre de ce morceau est aussi plus foncée qu'ailleurs. Tout le reste du ms. pourrait être attribué à une troisième main. Mais un examen attentif des formes graphiques me porte à croire qu'en réalité les variétés qu'on peut observer sont légères et s'expliquent aisément si on suppose que le ms. a été écrit à des époques diverses et avec une application variable par une seule et même personne qui n'est autre que le Peyre de Serras, auteur du journal ou livre de raisons par lequel débute le nº 105 *b*. Nous verrons que ce personnage avait des intérêts à Maillane (Bouches-du-Rhône), et qu'il était établi dans une ville voisine, probablement à Avignon, où il exerçait probablement le métier d'épicier, ou, comme nous dirions aujourd'hui, de pharmacien-droguiste.

L'écriture de Peyre de Serras, souvent menue et négligée, principalement dans les parties écrites sur deux colonnes et dans le journal que contient le nº 105 *b*, est une cursive que l'on rencontre plus fréquemment dans pièces les d'archives que dans les livres écrits par des copistes de profession. Bien que j'aie une certaine habitude de ce genre d'écriture, je crains bien d'avoir laissé passer un certain nombre de mauvaises lectures, n'ayant pas la faculté de collationner les épreuves avec le ms., ce qui est une condition à peu près indispensable pour obtenir une parfaite exactitude.

La présente notice suivra l'ordre indiqué ci-dessus : nº 105 *a* ff. 1-93; nº 105 *b* ff. 51-61, 1-50; nº 105 *a* ff. 94-101. A la fin je présenterai quelques remarques sur les variétés linguistiques ou simplement graphiques qu'on peut observer dans ce manuscrit.

Les trois premiers feuillets du nº 105 *a* sont occupés par des morceaux auquel je ne donne pas de numéro d'ordre dans la présente notice.

Ce sont des tables de concordance dont Peyre de Serras avait sans doute besoin pour son commerce. Et d'abord des listes de différentes sortes de brandons ou torches, ou de cierges. Pour chaque sorte la table nous donne le poids et la longueur. Cette définition est ce que notre texte appelle *moyson*, mot purement français ayant pour origine le latin mensio, et signifiant mesure. Raynouard (*Lex. rom.* IV, 280) en rapporte un exemple tiré d'un document de 1360. Notre texte est de quelques années plus ancien. Ce terme a dû pénétrer dans le midi par les foires, et je doute qu'on l'y rencontre à une date notablement plus ancienne que le milieu du xivᵉ siècle. En français *moison* signifie mesure en général[1]. C'est notamment l'expression dont on s'est servi pour désigner la longueur légale des pièces de drap[2].

Dans les listes qui suivent, le rapport est établi entre le poids des brandons ou cierges et leur longueur évaluée en empans (*palms*[3]). Les plus grandes torches pesaient cent livres et avaient dix-huit empans (environ 4 m. 50) de long.

(Fol. 1) Ayso son las moysons dels brandons.

de .j. q.[4]	.xviij. palms.
de .lxxxx. lb.	.xvij. palms.
de .lxxx. lb.	.xvj. palms.
de .lxxv. lb.	.xv. pal. e s.[5]
de .lxx. lb.	.xv. palms.
de .lxv. lb.	.xiv. pal. e s.

. . . .

(V°) Ayso son las moyzon dels brandonest[6] en tort.[7]

de .j. lb e s.	.iiij. paletes.
de .j. lb.	.iiij. palms.
de .iij. qr.[8].	.iij. pal. .ij. ras[9].
de .s. lb.	.iij. palms.
de .j. qr	.ij. pal.

Ayso son las moyzons dels sieres d'autar de confrayrie:

de .x. lb.	.vj. pal. e s.
de .viiij. lb.	.vj. palms.
de .vj. lb.	.v. pal. e s.
de .iiij. lb.	.v. palms.

. . . .

1. « C'est le rapport que les jaugeurs de la ville de Paris ont faitz a nos « seigneurs des Comptes sur les *moisons* des tonneaux des vins... Et se les diz « tonneaus ne tenoient la dicte *moison*. » Document de 1330 publié dans la *Revue des Sociétés savantes*, 2e série, III, 240.

2. Voy. Bourquelot, *Etudes sur les foires de Champagne*, dans les *Mémoires présentés par divers savants à l'Académie des Inscriptions et Belles-Lettres*, V, première partie, 251.

3. L'empan équivalait en Provence à neuf pouces; voy. le dictionnaire provençal de Mistral. C'est à peu près la mesure qu'indique Du Cange, PALMUS, 1.

4. Il faut compléter *quintal*.

5. Sigle de *semis*, moitié, demi.

6. Pour *brandonetz* (comme *tost* pour *totz*), de petits brandons.

7. Je suppose qu'il faut compléter ainsi : *en tortis* (voy. *Lex rom.* V, 384); il s'agirait de petits brandons ou cierges tordus ensemble. Un cierge ainsi formé s'appelle en Rouergue *entouorto*, voy. Vayssier, *Dict. patois de l'Aveyron*, à ce mot.

8. Abréviation de *quart* ou *quartz*.

9. Mesure de longueur sur laquelle voy. Du Cange, RASUM, 2. Il y en a un exemple dans Raynouard, *Lex. rom.* V, 35.

(Fol. 2) Ayso es lo lonc dels estadals[1] en bota :

de .j[a]. lb. e s.	.s. pal. .iij. qr.
de .j[a]. lb.	.s. palm.
de s. lb.	.s. palm. mens qr.
de .j. qr.	.iiij. dest[2]
de s. qr.	.iij. dest

Suivent des recettes diverses en partie enlevées par la déchirure des feuilles. Je copie celle-ci sur la fabrication de l'encre :

(Fol. 2 v°) Qui vol far tenha per escriere :

guallas.	.j. qr.
coparos.	.j. qr.
gumarapica.	.j. qr. e s.
vetruolnegre.	.j. ʒ[3]
vinaygre.	.iij. escudellas.

Fai ho bolhir e colhar; s'es tro[4], metes de gu[m]arapica ; s'es trop espessa, metes de vinaygre.

Voici encore, sur la même page, une recette d'un autre genre :

Si aves enfan que non vuelha tetar la bayla, pren .iij. fuelhas d'olivier e scrives de sus : *Benedictum sis* (sic) *nomen Domini nostri Jesu Christi. Amen.* Et escrives lo nom de la bayla e de l'enfan, e la bayla ho mange.

Au fol. 4, où chaque page est divisée en deux colonnes, il y a encore trois recettes, puis un morceau, fort endommagé, qui occupe la seconde colonne du recto et tout le verso :

Aysi comensa lo conte de l'especiarie. Deves asaber en lo mestier, qualque fasas, tos contes : en lo d. a .v. qintas ; en cascuna qinta a .v. grans, e sun .xxv. grans que valon .j. d. ; .v. veguadas .v. grans sun xxv. grans que valon .j. d. . . . . .

I.

PARAPHRASE EN VERS DU *PATER*.

Les écrits pieux sont en majorité dans le recueil de Peyre de Serras.

---

1. *Stadal*, *stadallus*, candela major. » Du Cange, article des Bénédictins qui citent les Miracles d'Urbain V, d'après le ms. actuellement conservé dans le fonds Saint-Victor, aux archives des Bouches-du-Rhône. Le mot manque dans Raynouard et Rochegude, mais il est relevé dans le dictionnaire de Mistral (ESTADAU) avec le sens de « paquet de bougie filée ». Cf. l'anc. fr. *estavel*, *estaval*.
2. *dest* est pour *detz*, doigts.
3. C'est le signe de l'once.
4. Un mot doit avoir été oublié ; le sens est que si la composition est trop liquide ou trop claire, il faut ajouter de la gomme arabique.

Voici d'abord une paraphrase en vers du *pater* qui a, si j'ai bien compté, 104 vers. Il suffira d'en publier une vingtaine pour donner au lecteur une idée de cette poésie.

Payre nostre qui es es cels, (f. 4)
Permas en toz savis feels,
Mons de pechats et de ruzihls,
Mondaz nos qu'avem nom tos fils.
De grasia que sie, cit plas,
Tot nom et nos santifia,
En aysi con sem drey crestia
De Crist siam ferm et sertan
Eus comandament de ta ley,
E que siam humil ves tu
Per l'esperit de la temor
De te, lo nostre bon senhor,
Per tal quel regne aver puscam
Celestial que cobeytam,
Que auran, si com tu as dig,
Cil que son paure en esperit.
Pueys ti preguam e requerem,
Bels dols payre, si con devem,
Que a nos lo tieu regne vengua
Et en aysi mondar nos decha
Qu'el rene am nos et nos am te...

II.

PARAPHRASE EN VERS DE L'*AVE MARIA*.

Cet *Ave Maria* est assez court pour qu'il soit permis de l'imprimer en entier. On remarquera que c'est un peu plus qu'un *ave Maria* : c'est une invocation à la Vierge dans laquelle est intercalée la salutation évangélique, et cette invocation est conçue de manière à rappeler l'une des joies (*gaugz*) de la Vierge.

*Aysi comensa l'*Ave Maria *en roman* (Fol. 4 *d*)

Santa Maria glorioza,
Filha de Dieu, mayre et esposa,
Pregua lo tieu glorios filh
Que nos guart d'efernal peril.
Per gran gau e per gran plazer
Que aguis e deguis aver
Quan nostre Senher t'enviet
San Guabriel quet saludet,
Et en aysi com eu retrayrey
Lo san salut que retrayray :
« Dieus te salut », dis l'ange, « Maria,
Santa Verge, na dolsa e pia,
Plena de gracia e de ben,
Dieus nostre Senher es am te.
De totas santas ies eletas
Et sobre totas benezetas,
E benezet sia bon frucs
Del tieu ventre, quar la vertus
De l'Altime s'olombrara
En te, e dedins te venra
Sant Esperit don concebras.
Aycel que tu engenraras
Sera apellat fil de Dieu,
Per que seran deslieure los cieus.
Per aquesta santa salut,
Te preguam e per la vertut

I. — 2 *Ce vers paraît corrompu.* — 6 nom, *corr.* mon. — 9 Ens *n'est pas douteux, mais il faut corriger* eus. — 20 decha, *corr.* denha. — 21 *Il y a un signe d'abréviation sur l'e de* rene, *qui ne paraît pas donner de sens.*

II. — 4 *ms.* efermà. — 9 *Corr.* com nos retray? — 15-6, *corr.* eleta, benezeta.

De ta santa vergenetat
Que pregues lo rey de piatat
Qu'enans que nos prenguam la mort
Nos don qu'esmende[m] nostres tors,
E fasam tan de sos plaszers, (*f.* 5)
Nuec e jorn e matin e sers,
Que, sel plas, non don eretat
Quan morrem el sieu regne siam. Amen.

III.

LE *GARDECORPS*.

Ce poème n'a été reconnu jusqu'à présent que dans un ms. de la Colombine, à Séville, dont M. Fr. Michel et M. P. Rajna ont donné, vers le même temps, chacun de son côté, de courtes notices, le premier, dans les *Archives des Missions scientifiques et littéraires*, 3e série, VI (1880), 270 et suiv., le second dans le *Giornale di Filologia romanza*, III (1880), 106 et suiv. 1. La Colombine ayant été récemment mise au pillage, par suite de l'incurie de ceux qui en avaient la garde 2, je ne saurais dire si ce ms. y est encore. L'ouvrage y est précédé de cette rubrique : *Aisso se apela lo Gardacors de Nostra Dona santa Maria verges e pieuzela.* Mais la première page est, au témoignage de M. Michel, « complètement illisible », de sorte que l'extrait donné dans les *Archives des Missions* ne commence qu'au vingt-septième des vers ci-dessous transcrits, d'après le ms. Libri. Ce titre de « Gardecorps » n'est pas nouveau dans la littérature du moyen âge. On peut citer le Dit du « Wardecors », de Baudouin de Condé, poème moral plutôt que religieux, et totalement différent de notre poème provençal 3 ; il y a peut-être aussi quelque rapport d'idée à établir avec le poème anglo-normand intitulé *Corset* 4.

Le *Gardacors*, qui contient dans le ms. Libri environ 900 vers, commence ainsi :

Senhors e donas, per merce (*f.* 5 *a*)
Escoltats et entendes me,
Que ieu vuelh de Jesu Crist parlar.
Dousamens deves escoutar,
Qu'el nom de Dieu vos vuelh retrayre
E de la sua santa mayre
Unas letras que son tramesas
Amb unas joyhas mot corteszas
Ad una donzella mot genta
Que .j. sieu honcle las li prezenta :
De part sel Dieus quel mon formet,
Que tot quan es fes e creet,
Lo sel e la terra eysamen
E fes los .iiij. elemens,
Aucels e bestias e peysons ;
E fetz homes a sas faysons,

---

33 *Sic, corr.* en lo sieu regnat.

1. Cf. *Romania*, X, 448, et XII, 406.
2. Voy. dans la *Revue critique* du 18 mai 1885, p. 388, l'article de M. Harrisse intitulé *Grandeur et décadence de la Colombine*, qui a été réimqrimé sous le même titre avec de nombreuses additions (Paris, in-8, 52 pages).
3. Edition de M. Scheler, p. 17 et suiv.
4. Voy. *Bulletin de la Société des anciens textes français*, 1880, p. 62.

E pueys fes femna mantenent,
E vestic los mot ricamens
De [uns] vesti[r]s glorificast
Am noblas vertus ashornatz,
E mes los dedins paradis,
E puey lur comandet e dis
Que li foson hobediens
A guardar sos comandamens,
Mas aquels dos foron temptatz,
Per l'enemic et enganat, (b)
Quar foron deszobediens
A Dieus et a sos mandamens,
E foron amdos despullatz
De lors vestirs glorificatz,
E de gracia e de vertutz.
Tanto[s]t ho agron tot perdut
Car pasceron los mandamenz
De Dieu lo payre homnipoten,
E foron amdos fors gitat
De paradis, e son damnat
Que aneson a perdement,
E tuh los autres ysamen
Al limbo d'Ifernt perdurable.
Tuh eron el servizi del diable
Per lo peccat del premier payre
Adam et Eva nostra mayre,
Tro Dieus, per gran humilitat
E per sobregran caritat,
Pres per nos mort e passion
E nos trays d'aquella preyzon.
Per [que] tug leal crestian
Serem sals se en nos non reman.
Ayso non pot hom escondire
Que Dieus a donat fra[n]c arbire
A cascu de far ben ho mal,
Mays non serie ges cominal
Que sels que fan mal aion ben,
Ans vol Dieus per dreg jujamen
Que cascu sie guizardonatz
Segon sas hobras els peccatz;
Que sels que fan mal aion pena,
E sels que fan ben gloria plena;
Don veyran la cara plazen
De Jesu Crist mot resplanden.
Don serem tuh glorificat
Cels quels veyran e majestat
E que seran a la part destra,
Mas non ges cels de la senestra. (c)
Als bons dira Dieus humilmens :
« Car be tengues mos mandamen
« Et avetz aüt piatat
« Als paures en lur parentatz,
« Venes en.n, bons e fizels :
« Avant al mieu rengne del cel,
« Per tot tems mays, aures repayre,
« A la deytra de lo mieu payre. »
Als mals dira motz cruzelmen :
« Anas, maldig, el fuoc arden
« En las penas perpetuals
« On auretz plenetat de tot mals.
« Car anc non fezes caritatz
« Als paures en lur pauretat,
« Ny non tengues mos mandamen[s],
« Per tostems mays aures turmens. »
E per aquestas doas razons
Si partiran los mals des (*sic*) bons;
Els bons iran en paradis
Els mals deysendran en habis;
Per que cascu, se m'en crezie,
Penrie am se la melhor vie,
E pensarie de ben a far
E lo mal laysarie estar.
E per ayso mi comandetz
Sel que las letras mi baylet
Que las letras sian despleg das
On que trobes donas honradas,

---

26 *Le ms. est très rogné et parfois la fin des lignes manque. Je restitue en italiques les lettres enlevées.* — 28 *Ici commencent les vers cités par M. Michel d'après le ms. de la Colombine.* — 40 *Corr.* serf d. d. ? — 48 Serem *est probablement pour* seran, *comme au vers* 61, *quoique* nos *puisse justifier la première personne.* — 61 serem, *corr.* seran. — 68 *Plus bas, v.* 78, pauretat. *Le z final de* parentatz *peut bien n'être ici et ailleurs* (*cf. vv.* 77, 89, 110, *etc.*) *comme en d'autres mss* (*cf.* Rom., VI, 25) *qu'un ornement calligraphique.*

E si neguna n'a plazer,
Que ellan puecca (*sic*) traylat aver,
Car ja per so mens non valran
A la donzella a qui van.
Per que aysi vos legiray
Las letras, e despleguaray (*d*)
Las joyas, e veyres cal son.
Et entendes ben la razon,
Car tota dona y pot apenre
Ce dins son cor ho vol entenre,
En qual estamen sie pauzada,
Con sera per Dieus mays amada,
E con poyra far sa honor.
Et entendetz ben la tenor
De las letras que das aysi
Con ausires ades de me :
Dona, sel Dieus que lo mon fes
Et es senhor de totz quan es,
E tot peccatz lava e monda,
Et a totz sos fizels avonda,
E salve es guart de mala via
Vostre gen cor, e benezia.
Dona, lo vostre honcle car
Vos manda per me saludar
Mays que nuls homs non poyrie dire
Ni cor pensa[r] ni man escrieure ;
E trametz vos .j. guardacos
. . . .
Que res nos puecca aprochier
Don vos aias mal reprochier,
Car el vos ama lealsmen
De bon' amor ses falhimen.
E manda vos, per Dieus, eus prega,
Comma sa nesa et s'amia,
Que vos lo guardacos portes,
Que una cauza, per ver, y es,
Quel gardacos a tal vertut
Que sel portas aures salut.
Non temas ardit ni coart
Que tant sapia d'e[n]gien ni d'art
Que de vos puecca nul maldire (*f. 6*)
. . . .
Ayso non tenguas ges a faula,
Que mot es vera la paraula,
Qu'el es talhat en ayta[l] guia
Que quan nulh maldiszen l'aurie,
Mantenent pert cor e poder
De dir cauza de non dever ;
Pueys non pot trobar occayzon
Que puecca dire se ben non
Enquaras a el d'autras bontatz
Guayres que valon mais asas :
E que mays fan a recomtar,
Perque las vos vuelh [ieu] comtar.
Sel guardacos, sel gardas, dona,
So es gardar de bona dona,
Con deja ben son cors gardar
Que blasme non la puecca tocar ;
E dic vos que bon castel garda
Tota dona que son cos garda
De blasme e de dezonor. . .

Fin du *Gardacors* (fol. 11 *a*) :

E la donzela pres a dir :
« El nom de Dieu lo vestiray
« E tos temps mays lo portaray,
« E de la Verges glorioza,
« Mayre de Die[u], filha et espoza [1],
« Que mi don a far lo sieu servizi

---

107 que das, *sic, on pourrait corriger* qued as, *mais il faudrait* qued avetz, *et encore* qued *est-il peu probable ; p.-é.* que da s'? — 113 *Corr.* El s. eg.? — 121 nos *pour* nous. — 125-6 *Rimes françaises,* prie amie. — 134 *Il manque un vers seulement. On pourrait être tenté de placer la lacune entre les vers* 132 *et* 143 *et supposer qu'il manque un feuillet et même un feuillet double, car le centre du cahier est précisément ici, entre les ff.* 5 *et* 6, *mais cela ne paraît pas probable.* — 138 aurie *pour* auzie. — 143 *Corr.* Enquar? — 147 *Corr.* gardadonas?

1. Cette rime est en quelque sorte stéréotypée quand il s'agit de la Vierge Marie. Nous l'avons déjà rencontrée au début de la pièce qui précède.

« El sieu plazer e far e dire [1],
« En que, ieu cre, tota sazon
« Lhi redray veray guishardon,
« A cel que lo ma prezentat,
« Que per la sieua piatat
« Lo conserve en bona vida. »
Ar vos ay la razon legida [2]
Que vos dis al comensamen.

Dieus que de la Verges naguet (*sic*)
Ver Dieus e vers hom nos compret
Del sieu ver sanc sus en la cros,
Quez el aia merce de nos [3],
E nos don gardar nostre cors,
Que per dedins e per defors,
Que puscam far tal portamen
Que tug vengam a salvamen ;
E cel quel gardacors talhet
E lo cozi e l'acabet
Don venir a confecion
E li fassa veray perdon,
E lhi don [lo] gauch perdurable
Adz el et a umanal [4] lhinatge.

IV.

LE MARIAGE DE LA VIERGE ET LA NATIVITÉ DU CHRIST.

C'est un mystère provençal, connu comme l'ouvrage précédent par le ms. précité de la Colombine, où il est placé comme ici, à la suite du *Gardacors*, d'où on pourrait être tenté d'induire que les deux ouvrages sont du même auteur. Toutefois je dois dire que le *Gardacors* me paraît d'un meilleur style que le mystère. Je crois que cette coïncidence s'expliquerait d'une manière beaucoup plus satisfaisante en supposant que le copiste du ms. Libri et celui du ms. de la Colombine ont transcrit chacun de son côté un même original, et par là s'expliquerait tout naturellement cette autre circonstance que les deux mss. ont en commun certaines fautes, comme on peut le voir par les variantes données en note.

La rubrique du mystère est ainsi conçue dans le ms. de Séville : *Aisso se apela l'esposalizi de nostra Dona santa Maria verges et de Josep.* Comme l'a justement remarqué M. Rajna [5], ce titre est insuffisant, puisqu'il ne tient pas compte de la Nativité qui, pourtant, occupe la fin du mystère. Cet ouvrage est malheureusement incomplet dans le ms. de Libri par suite de la lacune indiquée ci-dessus, p. 486, n. 2. Je ne connais du ms. de la Colombine que les quarante-deux premiers vers, publiés

1. La rime est mauvaise : *servir-dir?*
2. Dans le ms. de la Colombine (*l. l.*, p. 273) ce vers est suivi de cette ligne latine que je reproduis d'après la lecture de M. Michel : *Gracie illius puelle cui mittebam supertunicale.* Les 14 vers qui suivent sont considérés par le même érudit comme distincts de ce qui précède.
3. Ce vers se rattache mal à ce qui précède. Corr. *Prec qu'el aia?* Le ms. de la Colombine a la même faute que celui de Florence.
4. Corr. *uman?* Toutefois le ms. de la Colombine porte : *Ad el et a tot lo humanal linatge.*
5. *Giornale di Filologia romanza*, III, 109.

par M. Rajna : c'est assez pour établir que ces deux exemplaires sont apparentés de très près. Comme tous les mystères provençaux connus jusqu'à présent, celui-ci n'a qu'une bien faible valeur littéraire. Il est certainement inférieur au mystère de sainte Agnès qui se recommande au moins par une assez grande variété dans la versification. Ici, le fond et la forme sont également médiocres.

Il n'est pas facile de dire à quelles sources l'auteur anonyme a puisé sa matière. En somme il a mis en œuvre des éléments qui viennent du *Protevangelium Jacobi* et du *Pseudo-Matthæi evangelium* ou Évangile de l'Enfance, mais ces deux apocryphes ne suffisent pas à tout expliquer. Dans le *Pseudo-Matthæi evangelium* la Vierge est visitée au moment de son accouchement par deux sages femmes nommées Zelomi et Salomé. Cette dernière s'étant permis un examen indiscret est punie de sa témérité : sa main est desséchée. Mais dès qu'elle a touché la frange des langes qui enveloppaient le divin enfant, elle est guérie[1]. Cette légende a été souvent reproduite : elle a été notamment mise sur la scène dans le *Miracle de la Nativité Nostre Seigneur Jésu Crist*[2] où les deux sages-femmes sont appelées, comme dans la Légende dorée, Zebel et Salomé. Mais dans notre mystère il n'est pas question de ces deux femmes. De même qu'en divers poèmes français du XIIe siècle et du XIIIe[3], leur rôle est rempli par une femme appelée *Anastaysia*[4] qui est la fille de l'hôte chez qui Joseph et la Vierge prennent logis à Bethléem. Comme Salomé dans l'évangile de l'enfance et les textes dérivés, cette fille est l'objet d'un miracle, mais les circonstances sont notablement différentes. Anastaysia est sans mains : dès qu'elle a touché l'enfant, elle se voit pousser des mains au bout des bras (vv. 515-526). C'est vraisemblablement dans quelque apocryphe plus ou moins apparenté avec l'Évangile de l'Enfance ou le protévangile de Jacques que nos vieux romanciers ont trouvé cette scène et le personnage d'Anastasie, mais cet apocryphe n'a pas encore été signalé.

Il y a dans la littérature française un mystère qui offre avec le nôtre d'assez grandes analogies sans doute pour avoir été composé à l'aide des

1. *Pseudo Matth.-Evang.* ch. XIII, dans Tischendorf, *Evangelia apocrypha*, ou dans *Liber de infantia Mariæ et Christi Salvatoris*, éd. Schade (Halle, 1869, in-4, p. 26). Ce récit est reproduit dans le ch. VI de la *Légende dorée* (éd. Græsse, p. 42), où les deux femmes s'appellent Zebel et Salomé. Pour les variantes du premier de ces noms, voir la note 175 de Schade. Cf. dans Tischendorf le *protevangelium Jacobi* (texte grec), ch. XIX, XX.

2. *Miracles de Nostre-Dame*, éd. de la Société des anciens textes français, I, 214-9.

3. Voy. les textes mentionnés par M. Fr. Michel, dans une note de son édition du roman de la Violette, p. 244.

4. Elle s'appelle *Anestasse* ou *Onestasse* dans les poèmes français.

mêmes éléments, car il n'y a pas à supposer que le plus récent des deux ouvrages, le mystère français, soit en aucun point imité du plus ancien. C'est la *Nativité N. S. Jhesucrist*, l'une des pièces contenues dans le ms. de Sainte-Geneviève qu'a publié Jubinal [1]. On y voit paraître un messager qui tourne en ridicule Joseph, lequel répondant à la proclamation de l'évêque s'est rendu au Temple, malgré son grand âge, de même que tous les célibataires, jeunes ou vieux, pour assister au mariage de la Vierge. C'est le rôle que remplit l'envieux (*l'enveos*) dans la pièce provençale, où d'ailleurs l'élément comique fait défaut. La scène était si naturellement indiquée qu'il n'est pas besoin de supposer une source commune pour expliquer cette coïncidence. Mais il en est autrement pour l'intervention d'Honessasse, l'*Anastaysia* du mystère provençal, lors de l'accouchement de la Vierge. Evidemment il y a ici une source latine à retrouver. La pièce française contient d'ailleurs nombre de scènes qui n'ont pas leur équivalent dans le texte provençal.

J'incline à croire que ce mystère appartient à la Provence proprement dite. Il est au nombre des plus anciens que nous possédions, car je ne le crois pas postérieur à la fin du XIIIe siècle ou aux premières années du XIVe. Sans entamer ici une dissertation linguistique que je n'ai pas en ce moment le loisir de rédiger, je ferai remarquer que les règles de la déclinaison, souvent violées par le copiste, étaient assez bien observées par l'auteur. Certaines rimes (voyez par exemple celles des vers 7-8, 109-10, 125-6, 285-6) ne laissent aucun doute sur ce point.

L'ouvrage commence ainsi sans rubrique initiale :

Aujatz [totz] que say est vengut, (*f.* 11 *b*)
Riçs e paures, grans e menust :
Dieus vos comanda maridetz
Una verges que entre vos es ;
E manda vos quelh des baron,
Per espos e per companhon,
Un prozom[e] de vostras gens,
E tals que cie ben convinens,
De la razis e del linatge
De Jesse e de son paratge ;
Maria a nom per veritat
Aquesta de que ieu ay parlat,
Q'es el Temple; trobares la

1. *Mystères inédits du* XVe *siècle*, II, 1 et suiv.

1 [totz] *est rétabli d'après le ms. de la Colombine.* — 7 *Le ms. de la Col. a également* prozom. — 11 *Mieux* vertat *dans le ms. de la Col.* — 12 *Col.* de que vos (*pron.* queus). — 13 *Col.* Et el t.

Horan tot jorn, que alres non fa,
Que pregua Dieus nostre senhor
Que la adumplisca de s'amor.

L'avesque dels Juzieus respos :

Bel senher Dieus, grazit ne cias
E benezit et adoratz,
Car vos es vengut a plazer
Que nos fasaz, senhe, saber
Qual es la verges ne que fa
Ni com a nom ni on esta,
E del lhinatge eysamen.

L'avesque dis als Juzieus :

En Salomon e vos Salvat,
E Ben Judas e Samuel,
Fils de Dieu e fils d'Israel,
Auzit aves lo mandamen
Que affag l'angel, nos auzens :
Per nulha res que el mon sia
D'esta verges que a nom Maria.
Anas baros, ades anas
E mens de .iiij. non sias,
Et aduzes mi la donzelha ;
Gardas que non vengas ses elha,
E pregas la fort humilmens
Que am vos vengue corradamens,
Car fort leu la deures trobar,
Que non vos cal alres ponhar ;
Que al Temple esta ades
Segon so que auzit aves.

Dis n'Abraam a l'avesque :

Senher, vostre commandamen
Farem ses tot alongamen,
Et anarem lay volonties
De grat e de gran alegrier,
Car Dieus l'ama ni pesa d'elha,
Adorar fay aytal donzelha.

---

23 *Manque-t-il deux vers? Ce vers et le suivant sont sans rime. Même lacune dans le ms. de la Colombine.* — 29 *Après le dernier mot de ce vers il y a dans le ms.* non est. *Je ne vois pas bien ce que cela veut dire, mais le fait est qu'il paraît manquer ici quelque chose au sens. Même texte dans Col.* — 36 *Col.* venga corteramens, *qui est meilleur.*

Salamon dis a Maria :

Amigua dona, Dieus vo[s] sal
48 E vos gart d'ira e de mal.
Mosenhor l'avesque vos manda
E vos pregua e vos comanda
Que vos anes amb el parlar,
52 Que nos vos cal de ren duptar.
Digas nos, dona, ses falhia
Se vos aves a nom Maria ?

Respondit Nostra Dona :

54 *bis* Que vos a far qui que yeu sia ?
Se Dieus vos sal, laysas me estar,
56 Que yeu no m'azaute de truffar.

Respondet Izac juzieu e dis :

Dona amiga, ges nos truffam,
Ni mesorgas nous aportam,
Ben es celha que nos querem,
60 E veramens nos o sabem.
Ben o sabem per veritat,
Car en aysi nos es mandat.
Venes am nos, non vos sie greu,
64 Que vostre prouz sere, per Dieu.

Respondet Nostra Dona :

Senhors, pueys tan fort ho voletz,
Anem e tornas m'en ades :
No me fasas gayre estar,
68 Que ieu non m'azauti de muzar.

Levi lo juzieu respos :

Dona, so dis, nos cal duptar
De l'avesque n' Abiatar ; (*d*)
El gardal lo pobo (*sic*) de Israel
72 E vos gardara lo rey del sel.

Aysi parla Salutatz, juzieu :

Senher n'avesque, veus la donzela
Sancta e verges, Dieus es amb ela,
Que vos nos mandes amenar.

---

54 bis *Je compte ce vers pour la symétrie, mais il est certain que plus loin nous trouverons encore trois vers avec la même rime. Au lieu de* Que vos *il faudrait* Qu'aves. — 69 nos *pour* nous.

So es elha, se Dieus me gart ;
Sancta humil la trobares
En totz sos fag quan la veyres.

L'avesque Abiatar respos :

Ben sias vengust, fizell messatge :
Fort aves fag bon bon vacelhatge,
Quar per so per que eras mogutz
Me avet menat, ben sias vengutz.

L'avesque dis a Maria :

Dona, ben cias vos venguda ;
Beus volgra aver conoguda
Sa en reyre, senes falhia.
Ieu cre que aias nom Maria.

Respondet Nostra Dona :

Senher, o ieu, ben veramen,
Aysi m'apelon mieu paren.
Digas mi, senher, vostr' albir,
Perque m'aves fagha venir ?

L'avesque Abiatar respos :

Dona, ieu vos ay fagha venir,
Ges non vos vuelh de res mentir :
Dieus vol que vos marit aias,
E companhon am que estias.

Respos la Maria a l'avesque :

Senher, de marit non ay cura,
Tostemps seray casta e pura
Se a Dieu plas lo mieu senhor,
Lo mieu paire que ieu adzor.

L'avesque respos :

Laysas estar, non parles mays ;
So que dizes vos es pantays
. . . .
Que Dieus o vol e mot li plas,
Car en ayci nos es mandat
E per l'ange deynunciat.
Barons, anas per la sieutat.
E pueys per vostres avesquat (*f.* 12)

---

101 *Vers omis.* — 106 *Corr.* p. lo nostre?

E cridas fort en auta testa
Que vengan ad aquesta festa,
Vielhs e joves blanc e canus,
E pe[r] res negun non [o] mutz.

Responderon li Juzieu a l'avesque :

Senher, vostre comandamen
Faren ses tot alongamen,
Car totz aquels que non venran
Del cors justiciat seran.

Dixseron [1] *ad un cascun :*

Aujas, senhor, et entendes :
Aparelhatz vos tot ades.
D'una donzelha covinen
Si deu far lo maridamen.
Mosenher ce vol conselhar
Et am trastotz en vol parlar.
Anas la tot, non o mudes,
Per nulha res no von layses.
Anatz, baros, totz o veiatz,
Ne gin per ren non rema[n]gas.
Non remanga ni pauc ni gran
Jove ne vielh tro a .c. ans.
Moves ade[s]; non i ponhes ;
Que totz ades non i anes.

Un envejos dis a Jozep :

Amic, digas, fe quem deves,
Con aves nom, ne da hon es,
Ni que say es vengut querer?
Fe quem deves, digas m'en ver :

Respos Jozep a l'envejos :

Ja de mot non vos mentiray,
Voluntiers, senher, o diray.
Jozep ay nom, so sapias ;
Dieus ajut ad aytal solas !
Ben a .x. jors que ieu soy vengut
De Belleem don soy mogut.
E soy say vengut veramen

---

1. *Ou* diyseron ; *l'x et l'y se ressemblent beaucoup, mais comme ici la lettre n'est pas pointée, je crois que c'est un* x.
109-10 *Corr.* canut- mut. — 123 *On préférerait* tost e viatz.

Per vezer lo maridamen
De la plus bella creatura (b)
Que anc fezes ne formes natura.
Mot sera cel benaürat
Que d'aytal dona sera molherat,
Mays per me non o dic ieu ges :
Non o crezas nieuz o penses,
Que ja per molher non l'auray,
Ni am femna may non jayray.

L'envejos dis a Jozep :

Mot me fay vos meravilha[r],
En proz om, quan vos au parlar
Que vos sias aysi vengut,
Que tant fort es vielhs e canut,
Per vezer la plus belha cauza
Que cie el mon n'en la mar clauza.
E ja non vos cal escondire
Ni aquestas paraulas dir,
Que ja non l'aures per molher,
Ne vostra etatz non o quier :
Trop avetz dura la maycelha.
Non ves tan donzelha, tan belha,
Tan avinen con elha es.
Ja per ayso non say estes,
Et ades totz tornas vos en
E totz da passet, e crezes m'en.

Jozep respos a l'envejos :

Ja per ren ayso non faray,
Ni d'aquest conselh non vos creyray
Entro que aia vis a pres
E que sapia ben de cert
Cals de totz l'aura per molher.
Sapiatz que rey o comte es,
O dux o autra potestat,
O rey ; fort es be molheratz.
E per so que ieu la agues
Non say vengui ni vos o penses,
Que ans o fis ben per vezer
Lo matremoni e per saber.

---

144 sera, *corr.* er. — 164 *Suppr.* e *au commencement du vers.* — 167 vis *pour* vist ; a pres *doit sans doute être corrigé* apert. — 170 es, *corr.* er.

L'avesque Abiatar dis a l'envejos :

Barons, non es ges cortezia,
Ans es, sapias, gran vilanie, (c)
Quelhs prozomes que son antixs
Per los joves sien escarnis.
Nolh diguas res, que ieus o coman ;
Laysas vos en d'ayci enant.

L'avesque dis al pobol :

Senhor, ieu vos ay fag venir
Car totz aves ben auzit dir
Que Dieus vol que donem marit,
E non o metam en hoblit,
Ad aquesta que vos vezes,
Tan bella sa par non sabes.
Ajudas mi Dieu a preguar,
Sil plas, que deja demostra[r]
En aquest jorn et avezer
De que puscam far son plazer,
E que sie son espos leal
E bon marit e natural.

Lo conselh fon fag.

Una vergua sequa prenes
Cascun de vos que aysi es,
E qui la vergua portara
E en son ponh lhi florira,
Aquel aura, ben o afi,
La verges que vezes aysi,
Que per miracles si deu far
Et a nos autres demostra[r].

Responderon lhi Juzieus :

Senher, fort ben aves parlat
D'aquest afar e sermonat,
Per trastotz vos ho autreiam,
Que ben es dig, se Dieus vos am.

L'avesque commandet als Juzieus que pregueson :

Baysas vos totz en oracion
Et estay en aflicion, (d)
E preguem Dieu quez el nos fassa

---

199 *Ms.* Aquel laura ; *cf.* 243.

Tal demostransa que li plassa,
E que nos deia eysauzir
De so que li volem querir,
Que nos autrege e pl. . . .
. . . .

L'avesque diz als Juzieus :

Levatz vos tost, ensemps. . .
Cascun una vergua prenetz,
E que vejam se florrira
La vergua, ni Dieus o vol*ra*.

L'envejos dis a Jozpep :

Amixs, tenes seta vigneta ;
Vos say qne aures la pieuzel*eta* ;
E sera fort ben maritada,
Mays non s'en tenra per pagada.

Respos Jozep a l'envejos :

Senher, fort m'aures enugat (?)
Et aures fag mot gran pecat (?) :
Penray la, puey tant ho voles,
Mays jes per ben non ho dizes.

L'avesque dis a Jozep :

Senher Jozep, say tornares,
La sancta verges espozares,
Car Dieus ho vol, ben o saben,
Que los miracles i vezem.

L'envejos dis a l'avesque :

Senher, fay la li espozar,

---

226 Il est probable qu'à ce moment la baguette fleurissait entre les mains de Joseph. Peut-être aussi voyait-on une colombe en sortir, et s'élever dans les airs. Ces deux signes merveilleux se trouvent énoncés dans l'apocryphe *de nativitate beatæ Mariæ* qu'on attribuait à saint Jérôme et que Jacques de Varaggio a introduit dans sa Légende dorée (ch. CXXXI, voy. éd. Græsse, p. 589). Le second seul est mentionné dans le *Pseudo-Matthæi evangelium* (ch. VIII; cf. Schade, *Liber de infantia Mariæ et Christi Salvatoris*, note 114). Le premier de ces signes est au contraire le seul qui ait été admis dans le mystère français (Jubinal, *Mystères inédits*, II, 39).

211 *Il y avait d'abord* dedia ; *le second* d *paraît* barré. *Il faudrait* denha.—213 *La fin du dernier mot est prise dans la reliure. Au-dessus du* p *il y a un signe d'abréviation.* — 214 *Il n'est pas sûr qu'un vers ait été oublié ici. Il se pourrait qu'il y eût trois rimes en* ir. — 215 *Le mot qui manque est peut-être* venetz. — 219 vigneta, *corr.* vergueta? — 223 enugat, *il semble qu'il y ait* eugoh *avec un signe d'abréviation sur l'*e.

Car ben ho deves huey may far,
Car la vergua lhi es florrida,
So a vist la major partida
De nos autres que vos vezes.
Fays vos en say per que s. . .

L'avesque dis a Jozep :

. . . .
Que non la vi d'esta semana. (f. 13)

Dyscron de donzellas a Maria :

Dona complida de totz ben,
Nos autras anarem am te
En la montanha vezitar
Elizabet per tu mostra[r].

Dis Jozep a Maria :

Dona, yeu vuelh que lay anes,
Am sol que trop non lay estes,
E saludas mi Zacarias,
Lo bon home que es de gran dias.

Dis Maria ad Elizabet :

Elizabet, cozina cara,
Cel Dieus quel mon capdelh'e garda
Vos salve vostra engenradura,
E vos done gran bona aventura !
Mot ay gran gaug, so sapias,
Car Dieus say vos a vezitatz
Eus a promes fruh e donatz,
Que lo sieu servizi sabra far.

Dis Elizabetz a Maria :

Cozina dona, ben venhatz.
Am gran gauc et am gran solas
Seres vos huey ben reseupuda,
Per que ben sias vos venguda ;
Que tantost quan me saludetz
Del sant Esperit m'escalfes,
Que tan fort me a illuminas
Que ins el ventre m'es bolegatz

---

236 s'anes? — 237 *Ces points représentent une lacune d'au moins un feuillet. Le v.* 238 *doit être placé dans la bouche de Marie.* — 243 *Ms.* quellay. — 248 garda, *corr.* gara. — 250 done, *corr.* don. — 253 *Corr.* f. a donar? — 254 *Corr.* Quel s. — 261 Sic,

Mo filh, que si pogues, per Dieu,
De gratz parlera am lo tieu.
Yeu conuc ben sertanamens
Que Dieus es am vos veraymens.
Per tu lo mon si sostenra,
Tant iest plena de gracia,
Per que laus aian lhi fizel (*b*)
De cert e li angel del sel,
Per que m'a dat Dieus tan d'onor
Que la mayre del creator
Que rezemera tot lo mon
E tot quant es ten e son ponh
Es venguda am me sa ins.
Mielhs degra yeu anar vey (*sic*) luy,
Ves ella gent et humilmens,
Car es mayre de Dieu veramens.
La terra on t'ay vista anar,
S'en degra humilmens baysar.
Anas enant, dona, sezes,
Que yeu cre e say que lasa es.

Dis Maria ad Elizabet :

Cozina, fort deves lauzar
Nostre Senhor et ashorar
Quens a promes aytals enfans :
L'us es Jesus, l'autre Johan.
Sapias que yeu lo serviray
E totz aquo que yeu poyray,
Que mot m'a dat gran alegries,
Tot tornara en consirie.

Dis Jozep aysi mezeys :

Barons, de nostra espozada
Que es en la montanha anada,
Cossi y aura tant estat ?
Bon oste e aura trobat

---

corr. m'a illuminat. — 267-8 *Rime difficilement admissible ; à la rigueur* gracia *peut avoir été pris pour un mot purement latin, mais il est au moins singulirr que l'accent secondaire de la dernière syllabe ait été assez marqué pour fournir une rime à* sostenra. *Il est peu probable qu'il manque deux vers.* — 277 Ves ella *est probablement corrompu : il faudrait un gérondif.* — 278 *Suppr.* de. — 289-90 *Corr.* alegrier consirier. — 294 *La leçon n'est pas sûre. Au lieu de* Bon, *le copiste paraît d'abord avoir écrit* Baron on ; *puis* e *n'a pas de sens ; il y avait au devant une lettre, peut-être deux, qui a été surchargée. Il semble qu'on lise main-*

E son cosin don a Zacarias.
296 Mays a estat de .xv. dias
O ben, so cre, .j. mes o plus.
Volrian la metre en reclus,
Que tant lay aian sojornatz ?
300 Mas ben leu non aura trobat
Qui s'en pogues venir amb ella,
Per que plus onrada s'en vengra
Pueys que companha non baya (c)
304 Trays lay yeu trastotz [per] sertan.

Salut det Jozep Zacarias :

Helizabet en Zacarias,
Dieus vos sal per ans e per dias.

Respos Zacarias a Jozep :

Senher, Dieus salve ta persona
308 Que tan es onrada e bona.
Cozis, mot vos fay a grazir,
Que vos say sias volgut venir.
Ar ay de tot mon plenier gauh
312 Car mon cozin veh ieu et auh.
Ar vos en ren bonas merses
Et a Dieu dont deysendut es.

[*Zacarias :*]

Sanhs homs, ben sias vos vengut.
316 Verges e cast vos es tengut.
Dieus la verges vos comandet
Car cast e verges vos trobet.
Sapias que gran gauh n'avem nos
320 Car tenem l'espoza e l'espos.
Senher, sieus plas, vos remanres
E las festas am nos penres.
Mot vos darem ben a manjar,
324 E farem ho ben adobar ;
Pueys rendrem vos vostre spozada,
Et aurem la vos ben gardada.
Pueys tornares vos en am nos.
328 Si Dieus vos sal, digas nos vos
328 *bis* Perque vos es vengutz a nos ?

---

tenant ge, *qui n'a pas de sens. Il faudrait* y. — 295 *Suppr.* a. — 302 *La rime est corrompue ou il manque deux vers.* — 303 *Je n'entends pas* baya *qui ne fait pas la rime.* — 304-5 *Rubrique. Corr.* saludet.

Jozep respos ad Zaccarias :

Vengut soy per nostre spozada
Que mi degras aver menada,
Et aves lan tan tenguda
Que cujava l'aver perduda.

Jozep dis a Maria :

Levas vos, dona, se vos es bon,
Tornem nonh a nostra mayzon.

Respos Maria a Jozep :

Senher, volontieyra o faray ;
Metes vos donc en la carieyra.

Maria dis a Elizabet : (*d*)

Cozina, a Dieus vos coman,
Qu'el nos salve nostres enfant,
Ens layce onradamens estar,
E quel puscam tostemps lauzar.

Elizabet dis a Maria :

Bella cozina, Dieus salve vos,
Vostr' enprenhat e vostr' espos,
E vos don gauh plen de tos bens
Que vos l'aves donat a me.

Jozep dis a Maria :

Dona, iest lassa tan quan, ti-fas
Semblan mi fas que aias ...

[*Maria :*]

Senher Jozep, prens soi, per ver ;
En Jesu Crist ay mon esper,
E non en autre hom[e] carnal
Que sie el mont, si Dieus mi sal.
Mays Dieus que es vengut d'amont
Per penre mort en aquest mon

Aysi comenset Jozep far so plan :

Ay senher Dieus, tal dolor ay !
Dolen, mesquin, e que faray ?

---

331 lan *pour* lam ; ; *de même v.* 395. *On peut suppléer* [temps] *ou l'analogue après* tan. *ou encore* [re]tenguda. — 338 *Corr.* nostre. — 341 salve, *corr.* sal? — 344 Que, *corr.* com ? — 346 *Je ne lis pas le dernier mot ; il y a* phar *avec un signe d'abréviation sur le* p *et l'*a. — 352 *La phrase semble incomplète.*

Ay! rey de cel e de la terra,
Senher, per quem moves tal guerra?
Per mos peccatz, yeu ben o say.
Senher, sapiat ades mor[r]ay;
E ges nos es gran meravilha,
Car prens es de filh o de filha
Aquesta que en ma garda pris.
En la garda de Dieu la mis;
Elam promes per veritat
Que tostemps tenrie castetat,
Et a Dieu promes o a me
Que tostemps verges estarie.
Las! ayso meteys ieu promis
A Dieu quant la donzela pris
Per espozada, que la gardes
E verges a Dieu la rendes.
Las! se yeu non agues sonat mot
Del vot que yeu fis auzen de tost,
Diyseron de mi era prens.
Ara mi cridaran las gens
Con si me volian lapidar, (f. 14)
Car ilh me auziron lo vot far.
Las! se yeu la descrubiray, fort leu
Lapidarian la li Juzieus.
Ay! senher Dieus, vos n'escolpera,
Se yeu auzes, e vonh blasmera,
Car si am femna degues renhar,
Aquesta degra enprenhar,
Qu'el mon tan bela res non es,
Ni hanc tan bela non fezes.
Anc mays tan bela res non vi.
E dic vos que si fos e mi
Ieu la gitera d'aquest plah.
E cuh ben que per atrazah
Ben sia en ella [Deus] vengut
Desus del cel e deysendut;
Et aysi yeu cre que lo sia,
Car ella ora cascun dia.
Ges non par que ella conseupes
Per nulh home que anc nasques.
Hanc res non lah pot enganar
Ni desebre ni encauçar.

365, o, *corr.* e. — 379 escolpera, *pour* encolpera; *la substitution d'*es *à* en, *dans les composés, est fréquente.* — 384 fezes, *corr.* foges?

Mesquin, descubriray la yeu?
Conselh ne vuelh querer a Dieu.
Ja per res ayso non faray
Ni a mort non la lieuraray.
Non la descubriray per re
D'aquesta cauza, per ma fe.
Fugiray m'en lo bon matin
On plus lue[n]h poyray a tapis,
E seray garda de l'effant,
Ja sia ayso que tracha affant.

L'angel Gabriel dis a Jozep :

Jozep, amixs, entendes mi.
Non aias duptansa de re :
Car iest de la real linhada
T' a Dieus la verges comandada.
Ben sapias que hanc non falhi
Am nulh home, ben t'o afi,
Non te esmagues quar es prens (b)
Ni es prop de l'enfantamen,
Car sel que de ella naysera
Sapias que Dieus et homs sera.
Per sanh Esperit conseuputz
Lo filh de Dieu quan lo receup.
Non temias ges de la donzella,
Pren la donc e vay t'en amb ela,
Et servis la mot humilmens,
Car mayre de Dieus es verayamens.

Respos Jozep :

Qui iest que tan sopta[na]mens
M'as confortat tan bonamens?
Totz lo cor m'en es alegrat,
Tan soptamens m'as prezicat.

L'angel dis a Jozep:

Sapias que yeu soy Gabriel,
Que soy trames de sus del cel.

427-8 Ces deux vers se retrouvent plus loin (vv. 589-90) avec une légère variante. Du reste *Gabriel* entraîne la rime *ciel;* cf. dans une pièce française du XIIIe siècle (*Romania*, IV, 373) : *Nostre Seignor la sus del ciel | A Marie enveit Gabriel.*

397 *Ms.* mesqim. — 404 *Ms.* trapis. — 417 *Corr.* Per [lo] s. E. coseup. — 422 *Suppr.* de.

Hyeu t'ay dicha plena vertat
De so que t'ay aysi mostrat.

Dis Jozep a Maria :

Verges, plena de humilitat,
Perdona mi aques peccat,
La gran error e la folie
Que de tu pensada m'avia.
Verges, dona sancta Maria,
Humil dona, casta e pia,
Dona, per gran merce ti quier,
No m'o tornes a reprohier ;
La falha e la gran error
Perdonas ad aquest peccador.
Lo filh de Dieu as conseuput,
So ay ben per l'angel sauput.
El m'en a ffah trastot certa
Que naysera enans deman ;
E si vos plas, quant lo tenrem,
Fizelmens ben lo gardarem.

Dis Maria a Jozep :

Senher Jozep, perdonat vos cie,
Levas vos tost e tengam nostra via,
Quel terme del mieu ajazer (c)
Sera anueh, sapias per ver.

Dis Jozep a l'oste :

Senhors e donas, Dieu vos sal
E vos gart d'ira e de mal !
Ay ! bel senher, se vos plagues
Que per Dieu nos albergases,
Mot i farias gran piatat,
E Dieus que von saupra bon grat.

Respos l'oste :

Ay ! bonas gens, anat vos en
Car saïns non cap plus de gen,
Que non say a mayzon ni sot
Que de gen non sie plen tot.

---

440 *Corr.* perdona *ou* aquest *en* est. — 447-8. *Il est probable que ces deux vers, dont le premier est trop long ou trop court, devraient être ramenés à huit syllabes.* — 459 *Prov. mod.* sout, *toit à porcs, de même en anc. fr.* soute.

Dis la filha Anaystayzia :

Senher payre, albergas los,
Car mot mi paron vergonhos
E gens de gran humilitat.
Senher, aiatz ne piatat.

Respos lo payre a la filha :

Filha, non los puec albergar
Aysi con tanherie a far,
Que non say podon plus caber,
Per que non say podon jacer ;
Per que lus dic yeu de bon cor
Que aysi non fason plus de demor.

Dis la filha al payre :

Senher payre, a gran lezer
Degron en l'estable jazcer.

Dis lo payre a la filha :

Filha, et yeu vos ho autrey
Per so car bellas gens lo[s] vey.
Menas lay los e los colcas,
Ou mielh poyres los arrezas.

Respos la filha :

Senher, mot o faray de grat,
Mas Dieus no m'a ges demostrat
Am que lur puesca ajudar,
Ni far res que lur valgues far.

Dis lo filha a Jozep et a Maria : (*d*)

Anem, dona, que ieu vos menaray
Lay on jayres, que mot mi play.
Car aubergas en aquest luoc,
E mo senher vos a dih d'oc.

Dis Maria a la filha :

Vostre nom mi digas, amia,
Que Jesu Crist vos benezia !

La filha respos a Maria :

Bella dona, si a vos plas,
Anastayzia mi apellas.
Non say puec fayre lonc sojorn ;
A Dieu siatz, que yeu m'en torn.

---

470 *Suppr.* de. — 480 *Corr.* Ni tal r. ? — 481 dona, *corr.* donc ?

Dis Maria a Nastayzia :

Amiga, yeu say veramen
Que cel que fes lo mon de nient,
Si say tornas, vos garira
E miracles en vos fara.

Respos Anastayzia :

Bela dona, yeu say venray
Volontieyra si a vos play.
Senher Jozep, si a vos platz,
A la donzella mi digas
Que ella vengua aysi jacer,
Silh plas, am mi tot aquest ser.

Re[s]pos Jozep a Maria :

Trametes mi von vos vulhas,
Bella dona, ci a vos plas,
Que yeu faray volontieyramen,
Dona, vostre comandamen.

Dis Jozep ad Anastayzia :

O dona que nos albergas,
Un petit, ci vos plas, venhas
Car la dona fort vos en prega
Que lay anes si nos enueja.

Anastayzia dis a Jozep :

Ay Dieus ! e yeu que i faray,
Car pe[r] cert mans ni detz non ay,
May enpero ben la yray :
De mon poder l'ajuduray. (f. 15)
Tant quant poyray am lo monhos
Faray, dona, cervizi a vos.

Re[s]pos Maria a Jozep et Anastazia :

Anastazia, anas avant,
Prenes azaut aquest enfant,
Que gran giszardon trobares
Quant vos l'efant tengut aures.

Anastayzia dis a l'enfant :

Ben enfant, ben sias vos vengut ;

496-7 play, platz, *notons l'emploi de ces deux formes divergentes assurées l'une et l'autre par la rime.* — 505 nos, *ms.* vos, *sans nul doute.* — 507-8 *Rime à noter.* — 516 *Ms.* auzaut.

Mot nos es uey gran gauh cregut.
Ay ! bella dousa creatura,
Dieus vos done gran bonaventura !
Que mays non vi tan bel enfantz,
Se Dieus me ajut, ni pauc ni gran.
Bella dona, de per Dieu vejatz
Novellas mans, si a vos plas
Ay ! senher Dieus, rey glorios,
Senher Dieus, grazit ne cias vos.

Dis Maria ad Anastayzia :

Amigua, gauh avetz agut
Car en las mans l'aves tengut,
Que yeu sabia ben que el faria
En vos miracles quan nayseria.

Anastayzia dis a son payre :

Senher, [gran] gauh deves aver,
Car tals mans quan podes vezer
M'a huey donat en aquest dia
L'enfant que es nat de Maria,
De cella que albergues anueh,
Que anc non jac mays en .j. clueh.

Dis lo payre ad Anastayzia :

Digas filha, escarnes mi ?

[*Anastayzia :*]

Non ges, mossenher, per ma fe,
Ans podes bellas mas vezer,
E crezes o ben totz per ver :

[*Lo payre :*]

Senher Dieus, grazit ne cias, (*b*)
Que a ma filha aves mans dadas.
Ben la puec hueymays maridar
E non o podia ena[n]s far.

Le payre dis a la filha :

Filha, portas lhi pan e vin
E dine ci per lo matin.
Carn e formage lhi portas,
E davant ella non partas.

---

522 *Corr.* don. — 525 *Suppr.* de. — 531-2 *Corr.* fera, naisera. — 538 clueh, *chaume, glui : c'est déjà la forme moderne* (*voy. le Dict. de Mistral*, clue). *Rayn.*, Lex. rom. III, 479, glueg.

Respos Anastayzia al payre :

Per Dieu, senher, non vos ho qual dir
Que jamays non m'en vuelh parti[r].
Totz temps vuelh eser sa cirventa,
Nulha res tan no m'atalenta,
Ni ja non mi dares marit,
Sitot n'aves .j. pauc gronhit.

Lo payre dis a la filha :

Calas, filha, que can poyrem,
Conselh non von demandarem.
Anas vos en totz lay ades,
Prenes so que penre deves.

Anastayzia dis a son payre :

Hoc, senher, ben e volontieyra
Tenray ades lay ma carieyra.

Anastayzia dis a Maria :

Maria, Dieu vos don bon jorn,
Eus sal l'enfant ; veus que yeu torn.
Prenes d'aygua, lavas las mas ;
Dinas vos, dona, si a vos plas,
Vec vos aysi prop pan e vin,
E d'autres manja[r]s atresci.

Maria dis ad Anestayzia :

Anastayzia, nos trop avem,
E nos trastost ben ho sabem.
Lauzas l'enfant queus ha rendut
Las mans et det per sa vertut.

Anastayzia respos :

Ben o deh far e o faray
De mon poder tant quan vieuray.

Aparec l'angel ad pastors :

Bels companhons, anas tost sus ;
Hanc mays non cre vices negun
En eysi lo cel enluminat
Ni tot quant es d'aytal clardat.
Ben a .c. ans que ieu ay gardadas

---

551 non vos, *prononcé* nous. — 572 *Corr.* els detz ? *cf. v.* 510. — 577 *Suppr.* En.

Mas fedas et estre mudadas,
Que hanc non vi ni auzi dir
Aytal clardat del cel venir.
Preguem tuh Dieu que el nos gart
De mal nos e nostre bestial.

L'angel dis ad pastors :

Barons, vos autres que gardatz
Vostras fedas, non timiatz,
Car sapias que de Dieus es
La gran clardat que aysi vezes ;
Et ieu soy l'angel Gabriel
Que soy trames de sus del cel,
Que vos digua l'alegramen
Que huey es dat a tota gen,
Car Jesu Crist es ades nat,
Per qui cera lo mon salvat,
En la sieutat de Davis
En Bethleem, setz tot perilh.
Anas vonh lay : lo trobaretz
En la grepia, çan lay seres,
Et en .j. drap en[v]olopatz
Aquest enfant que es ades nat.

Aysi lauzon li angels nostre Senhor :

Gloria sie e laus el cel
A Dieu dada per los fizels,
Car en terra es nada pas
Als homes de bona volontat.

Un dels pastors dis :

Barons, anem en Belleem
Veyre aquo que auzit avem, (*d*)
Si es vers ço que l'angel dis
Ni ce es lay Jesu Crist nat ;
Perque Dieus nos o a mandat
E per l'angel deynunciat.
Anem la et adorem l'en,
Et aurem fag so que devem.

Un autre pastor dis :

Bels companhons, yeu vuelh l'enfan

584 *Corr.* bestiar. — 595 *Corr.* de[l rey] Davis ? — 604 *Pron.* homs ? — 606 veyre, *l'un des plus anciens ex. qu'on ait de cette forme maintenant très générale. Elle se trouve à la rime en des vers cités dans les* Leys d'amors, I, 292. — 612 *Il semble qu'il y ait* soo *ou* sco. — 613 vuelh, *corr.* vei ?

Per quels angels menan gauh gran,
Aytal devem nos autres far.
Sel que entre nos vol habitar,
Sel que guoverna tot quan es,
Cel, terra e mar, trastot ho fes.
Nos y penren tost gran honor
El naysemen d'aquest senhor
Quens es per l'angel anunciat;
Mot ne cerem trastost lauzat.
Anem avant, bels companhos,
Et ufriscam aquest moton.

Un autre pastre dis :

Senher, salvayre de Israel,
Enffan petit de Dieu del cel,
Tu iest per ver l'efan Jesu :
Benezete, senher, sias tu.
Vers Dieus, vers homs, tot poderos,
Per que, senher, te adoram nos,
Que nos a gitat de perilh,
Car per ver iest de Dieu lo fil,
E per tu es tot rezemut
Lo mon el diable es vencut,
Per que[t] pregam, senher, sit platz,
Quens perdones nostres pecatz.

Un autre pastre dis :

Bels companhons, tornem nos en,
Quel filh de Dieu omnipoten
Tot en ayci trobat avem
Con l'angel dis en Bethleem. (f. 16)
Sant Esperit en sia lauzatz,
En Dieu payre glorificatz;
E tu, mayre de humilitatz,
El tieu ventre l'en as portat,
En Bethleem l'as companhatz,
So es alegrier des fizels.

L'angel dis que totz son gauzens :

Nada es pas als homes ben volens
Anas, pastors, digas a totas gens
Que Dieus es nat en terra veramens,

---

614 gauh, *ms.* gaul. — 615 *Ms.* nostautres. — 624 moton, *ms.* monton. — 645-6 *Lacune entre ces deux vers ?*

E l'angel sanh Gabriel dis que trobarem
652 En la grepia pauzat aquest enfant.
Alegramen anem l'enfant vezer,
Aysi lo trobarem con l'angel dis per ver.
Entre l'aze el buou era pauzat
656 Et en .j. drap era envolopat.
Per tu sera, senher, lo mon salvat,
Car tu iest nat per delir los peccatz.
Mayre de Dieu, totz te devem lauzar
660 El tieu car filh tota gen adzora[r].
Dieus es en tu vengut et encarnat
Vers Dieus, vers homs, dona, de tu es nat.
Tot lauzem Dieus lo payre omnipotent
664 Queus a trames lo filh al naycemen.

AMEN.

Qui scripsit hoc carmen sis benedictus. Amen.
Jube, Do[mi]ne, benediscere.
Collerida simul cum nectare.
Bendiccas Christus rex glorie in Bethleem.
Deo gracias. Alleluya. Amen.

La deuxième colonne du fol. 16 est occupée par deux hymnes latines dont voici les premiers mots :

Ayso son les .vij. gauh de Nostra Dona.
Gaude virgo mater Christi
Que per aurem cosepisti
Gabriele nuncio...[1]

Ayso son lou se't que hom dis a Nadal al pimen et a las neulas.
Congaudeas, turba fidelium,
Virgo mater peperis filium,
In Bethleem.
In precepe est bos et asinus,
Cognoverunt quis esset Dominus
In Bethleem...

V.

ENSEIGNEMENTS DE COURTOISIE.

Cet *ensenhamen*, qui se compose d'une centaine de vers, ressemble assez peu à ceux de Garin le Brun, d'Arnaut de Mareuil ou d'Amanieu

651 *Ce vers n'a ni mesure ni rime.* — 654 *Corr.* Aysil trobem? — 657 sera, *ms.* senra.

1. Pièce bien connue, sur laquelle voy. L. Gautier, *Œuvres poétiques d'Adam de Saint-Victor*, édition de 1859, II, 215.

de Sescas. Par contre il est fort analogue pour le fond aux *Contenances de Table* dont Monmerqué a publié trois rédactions fort différentes à la suite de l'ouvrage de Madame de Saint-Surin intitulé *L'Hôtel de Cluny au moyen âge* (Paris, 1835, in-8)[1].

A partir d'ici tout le ms. est écrit à une seule colonne par page.

Quan tu a la taula seras
La vianda tu senharas.
Avan que manges, pensaras
Dels paures e los serviras,
Que a Dieu deu donar la flor
De son condug, da la milhor,
C'aysel servir Dieus vol en grat
Plus que non fay del relevat.
E quant a taula manjaras
De trop rieyre ti gardaras,
Car tost homs si fay escarnir
En tot luoc hon el vol crupir (?).
Non comens premier a manjar
Tro autre vejas comensar;
Non vulhas a sobre parlar
Sobre taula a ton manjar,
Quan fay si hom tenir per fol,
E cuja hom que vin l'afol.
Bon guardar fay con qui manjaras,
E con captenir ti deuras.

Fin (fol. 18 :)

Non ti oblides per ton gran ben,
Si as amor de Dieu ni fe.
A Dieus lauzor dejas donar
Can de taula volras levar.
Totz homs eysemple penra en tu[2]
De laysar mal e faran ben.

VI.

LETTRE DE MATFRE ERMENGAU A SA SŒUR.

Il suffit de rappeler que cette épitre en vers, qui se trouve assez ordinairement copiée à la suite du *Breviari* du même auteur, mais qui se rencontre aussi à part dans le ms. Bibl. nat. fr. 1745, a été publiée par M. Bartsch, *Denkmäler der provenzalischen Literatur*, p. 81, et par M. G. Azais à la suite du *Breviari*.

Frayre Mastre (*sic*) am sa cara serhor (*sic*) (*f.* 18 v°)
Salut coral en Dieu, nostre senhor.
En aquel jors de la Nativetat
De filh de Dieu es mot acostumat,
Que ieu saupes, que hom fasa prezens
Als sieus amix de neulas am piment;
E qui vol far onrat prezens complit,
Meta i mays .j. bon capon raustit...

L'explicit (fol. 20 v°) est ainsi conçu : *Ayso es lo roman del capon de nostre Senhor Dieus Jesu Crist e de Nostra Dona.*

---

1. Cf., pour l'une de ces rédactions, Montaiglon, *Poésies françoises*, I, 186.
7 vol, *corr.* col? — 8 relevat, *prob. au sens de* releu, *relief*. — 17 *Corr.* Qu'au [?]?
2. *Corr.* te.

VII.

DÉBAT DE LA SORCIÈRE ET DE SON CONFESSEUR.

Voici un ouvrage bien singulier qui, à ma connaissance, n'a pas d'équivalent dans notre ancienne littérature, pas plus au nord qu'au midi. C'est la confession d'une sorcière, d'une vieille sorcière même, qui, désirant faire pénitence, s'adresse à un prêtre et lui conte toute une vie de désordres. S'étant laissée séduire à dix ans par la promesse d'une ceinture et d'un chapeau, elle se livra à la débauche aussi longtemps que l'état de ses charmes le lui permit, employant des philtres étranges pour attirer les amants. Les philtres perdant leur vertu à mesure qu'elle avançait en âge, elle se fait sorcière. Ayant probablement amassé à ce métier, qui paraît lui avoir été fructueux, quelques rentes, elle éprouve le besoin de changer de vie, et demande à celui qu'elle a choisi comme confesseur de lui imposer une pénitence. Le confesseur lui fait une courte morale et lui donne comme pénitence de jeûner tous les vendredis, autant que possible, ainsi que pendant les trois carêmes[1]. — « Seigneur, « répond la femme, ne me demandez pas de jeuner. Il faut que j'aie mon « dîner chaque matin. On dit que dîner matin rajeunit (?). Laissons le jeûne « aux frères prêcheurs, aux moines, aux frères mineurs. » Et là-dessus cette conversation qui devenait pleine d'intérêt demeure interrompue. Espérons que la suite se rencontrera quelque jour dans un exemplaire plus complet, et surtout plus correct.

Nous en avons assez toutefois pour voir que ce débat, cette *desputoison* comme on disait jadis, ne doit pas être pris au sérieux, pas plus que le débat de Sicart de Figueiras et de l'inquisiteur qui n'est pas sans présenter quelque rapport avec notre fragment, au moins dans la façon abrupte d'entrer en matière[2]. Je me plais à supposer que si la fin de notre débat manque, c'est que l'honnête Peyre de Serras, désireux de n'introduire dans son recueil que des morceaux de choix, sérieux ou édifiants, aura arrêté sa copie en voyant la tournure que prenait le dialogue.

Senher que prodon mi semblas, (*f.* 20 v°)	Una femna soy pecayris,
Un pauc, si vos plas, m'escoutas :	Et ay hueymay mos jors complis, 4

1. Avant Pâques, avant la Saint-Jean et avant Noël, voy. Du Cange, QUADRAGESIMA.

2. On a exprimé l'opinion que le commencement du débat de Sicart et de l'inquisiteur aurait été omis dans l'unique copie de ce poème. Ce n'est pas mon avis.

Huelh mi hucy mays penedensar,
Anc mays non mi voc acordar,
Mas aras conoyce e say
Que tot lo mon mor e s'en vay.
Non i reman paure ni ric,
Vielh ni jove, larcs ni mendic,
Grans ni petit, frevol ni fort,
Que tug non anon a la mort.
E per tot lo mon veg morir,
Say ben que ieu non puec remanir.
Et ay de m'arma gran pavor,
Car say que ves nostre Senhor
Soy mot forfagha e falhida.
Trop ay tengut malvayza vida.
Contaray vos ho tot per veritat
Que ay fag ni en qual manieyra.
Avans que ieu fos gayre granda
Ni haguessa passatz .x. ans,
Uns que avia non Bernart
Mi lavoret lo mieu yssart,
Quar dis que sentura mi daria,
E guarlanda mi comprarie.
E fes de mi tot c'anc ci volc,
Que ma virgenetat mi tolc.
E comensiey ho [en] tal hora
Que anc non fonc tar ni abora
Que d'ome fos assaszonada.
A mal jorn fuy entamenada! (*f.* 21)
Ges non es e me remazut,
Car ieu ho agra ben volgut.
Voles que ieu vos en diga ver?
Anc dimergue ni sapte ser
Non gardiey ni jorn de tot l'an,
Ni san Peyre ni san Johan
Ni carrerma ni en carnal,
Pascas ni tot l'an ni nadal.
Non soanava fol ni fragh,
Ni avol [ni] glot ni contragh.
Cozins ni parens ni molherast.
Non s'en anavon a fadia,
Layc ni clergue, ni fer ni gen,
Mays que m'aporteson argen,
E quant ho avie tot gastat
Tot so que avien amassat,
E non avien mas las dens,
Ieu los tenie per parens.

Una ves me covenc a fayre
Un tortel am na Biatris ma comayre.
Diray vos de que lo fazie :
De .viij. anonas i metia,
E del saym que pacer coa,
E de colomp lo destre colho,
E del fege del irisson,
E del gal marcenc lo cartilho,
De la paila am c'om enforna,
E de una erba que a nom satorna,
E de la rozada del magh,
E del cor d'un escaravag
I mesclava e i metie ; (*v°*)
Tot dejunamens lo pestrie,
Conjuravan si con m'ensenhet
Na Bril quel conselh mi donet.
E qui manjava del tortel,
El era ferit del cayrel
D'amors plus fort e [plus] ferrat
Que si fos de lansa nafrat.
Ses me non podie durar,
Dormir ni beure ni manja[r],
Ni mays de me non partiria
Tant quant argent ieu li centie.
Et quant li o'vie ben cecos,

---

5 huelh *pour* vuelh. — 13 per, *corr.* pois? — 19 *Suppr.* ho *et corr.* vertat. — 25 *corr.* senturam. — 27 c'anc, *corr.* cant? — 30 anc, *ms.* ansc ; non *est pour* nom ; fonc *et non* fouc, *assuré par la forme de l'*n. — 40 tot l'an, *corr.* Totz Sanz? — 42-3 *Les rimes indiquent une lacune entre ces deux vers.* — 51 *La vraie leçon pourrait être* Am na Biatris ma comaire | Un tortel... *Il manquerait donc la fin du vers commençant par ces deux derniers mots et un second vers rimant avec celui-là.* — 55-6 *De même ici il doit manquer deux vers ; il se peut aussi que la fin du v.* 55 *soit corrompue. Au v.* 56 *suppr.* E. — 58 *Suppr.* E. — 65 *Corr.* Conjuran.

Et ieu li avie malvays respos.

Una ves trobiey justa .j. prat
La costa d'un eyglaziat :
Envolopiey la en bels draps.
Ma comayre que trop en sap,
. . . .
Diray vos, mot i fon ben mesa
Una benda que li doniey,
Plus de .c. s. en gaza[n]hiey :
Ilh m'ensenhet que la calfes
En son senc e la conjures
Domentre que la calfarie.
Non es aysel que ie[u] vorie
Que non vengues, fos luenh o pres,
E que m'ac grat c'ieu non manges.
E say ben qu'el mi dis vertat,
Car soven o ay asajat.
Que as capellans de mon sanc
Que m'azautes e mi plagues (*f.* 22)
Un pauc tastes de ma fogasa.
Non ac bocca mas grassa
Non li remas que non vendes,
E que tot l'argen non despendes.
Tot ho gastiey, tot ho vendiey,
E tot cant avia li mangiey.
Mays la costa ay tan calfada,
Tan que demia l'ay usclada.
E pos conmensiey as envelhir,
E mi comencet affalhir
Lo mestier que avie siguit :
Mi layceron estar de trastug,
E laysiey vespras mal grat mieu,
E volgues per l'amor de Dieu;
Mas dos que mi ruet la pel,
Nom tenc pron costa ni cayrel.
E pueys ieu vuoc eser sortieyra
Per so quem gardes de nesyeyra.
E non sabie plus que una feda.
Lo diable m'o mes en las aurelhas,
Que es payre de las famılhas;
E conjurava las malatias.
[E] ieu fazie cominalmens
E entendre a totas las gens
Que ieu anava en autra part,
E cambiava mon esgart.
Tug m'apellavon la devina,
Car fazia delascorina (*sic*).
All uns fazia per son clam,
E non moria ges de fam; (v°)
Als autres per capesbatut (*sic*),
E fazia far ganre per tut.
Li autre eran enferrat,
E mot d'autres enhamorat.
Si vos plas, ieu vos en gar[r]ay,
Mas estrenas d'argent volray.
La uns mi dizie : « Dieus vos sal! »
L'autre mi donava de sal,
E l'autre carn e saym,
L'autre canebe e lin
E l'autre huos e farina.
Non era ieu ges trop mesquina.
Ben ay d'aytal razon estat
Que manjava bons empastat,
En tengra .iiij. de ma maynada
Qu'en foron totas sadoladas.

D'ayso e de la causas que ay fag

---

76 *Suppr.* Et. — 78 *Je crois qu'*eyglaziat *est une personne morte par suicide ou de mort violente, en tout cas sans confession; cf. l'ex. de* Jaufre *cité par Raynouard*, Lex. rom., *et le Dict. de Mistral, sous* esglaria. — 90 *Corrompu?* — 93 *Comme ce vers, qui ne rime pas, est le dernier d'un feuillet, on pourrait supposer qu'ici un feuillet manque : l'examen du cahier force à rejeter cette supposition. On rétablirait la rime en changeant* sanc *en* paes, *mais la construction de la phrase demeurerait impossible. Il y a probablement une lacune de quelques vers.* — 96 *Corrompu.* — 98 *Suppr.* que. — 103 *Supp.* E. — 105 Lo, *ms.* Los; *corr.* segut. — 106 *Suppr.* de. — 108 *Corr.* E non ges. — 109 dos, *corr.* pos. — 113 *Lacune après ce vers?* — 114-5 *Vers corrompus?* — 116 *Lacune après ou avant ce vers?* — 118 *Suppr.* E. — 123 *Corrompu?* — 133-5 *Ces trois vers sont trop courts; on pourrait remplacer le second e par* l'autre. — 137 *Ms.* estatat. — 139 *Suppr.* ma. — 141 *Corr.* D'a. e de tot cant ay?

Que vos ay comtat e retragh
Mi gastieray per tostemps mays,
Quar ben es hora que m'ent lays,
E quier vos que [vos] mi dones
Tal penedensa com sabres,
Que per tot ayso mi covenha,
Car ben ay en cor que la tenha.

— Na femna, Dieus es tan piatos
E tan mizerricordios
Qu'el [fay] a totz veray pardon
Per verraya confecion,
E quant que hom aia de mal fag,
Jamays non li sera retragh.
Enperro gran mal en conven a trayre,
Et sabjas penedensa fayre,
Qui vol gran peccat esfasar.
Per qu'ieu vos coman dejunar (*f.* 23)
Tot[z] lo[s] vendres que vos poyres,
E las caremas totas .iij.
— Senher, nom mandes dejunar,
Que de matin mi vuelh dinar.
Hom dis que dinar de matin
Fay home semblar enfantin.
Dejunun los frayres prezicadors
Morgues e [los] frayres meno[r]s.

Ici le copiste a tracé une ligne horizontale et a commencé l'ouvrage qui suit.

VIII.

VIE DE SAINTE MARGUERITE.

Cette vie de sainte Marguerite est totalement différente de celle qu'a publiée il y a dix ans M. le Dr Noulet, d'après un ms. en sa possession[1]. Cette dernière n'a que 570 vers; la vie du ms. Libri en a environ 1450. Elle est datée à la fin du 1er mai 1284, date qui peut s'entendre soit de la composition même du poème, soit de la copie reproduite dans notre ms. La première de ces deux hypothèses me paraît fortement appuyée par la forme même de l'explicit : *Ayso fon fagh...* Ce qui est bien certain, c'est que l'explicit vient d'un ms. plus ancien, le ms. Libri ayant été exécuté vers le milieu du XIVe siècle.

Ayso es la pacion de santa Marguarita virginis et martiris (Fol. 23).

Apres la rezurecion
Et en aprop l'acension
De Jesu Crist lo piu, lo bo,
Receupron most lur pacion.
L[i] un foront per luy trencat
E li autres pres e liat,
E mantas donas eysament
Reseupront mort e gran turment.
Li reys, li prinses des pagans
Ausizìont tost los crestians,
Car non volien ashorar
Lor ydolas ni tener car.
Mas il n'agron de Damidieu
Tan gran loguier e tan gran fieu
Que gauc durable lor promes
On non auran ni fam ni set.

---

143 gastieray *pour* castieray *ou* castiaray. — 155 *Suppr. en.* — 163-4 *Je ne connais pas ce proverbe qui, du reste, paraît corrompu.* — 165 *Suppr.* frayres.

1. Voy. *Romania*, IV, 482.

2 acension, *ms.* antension.

Petit de gent crezie Dieus,
Car lor ausizien los Juzieus.
Las peyras mudas ilh colient,
Car de Dieu els sans non avien.
Diables eron tant enginhos (v°)
Que pertot eran sas honors.
Plus hom Damidieu non colie,
Mas solamens sa companhie.
Tot sels que Damidieu crezien
Las gens paganas ausizient.

En aquel temps fo .j. toza
Dieus amada et a Dieus espoza,
Totson coratge ella i avie,
Tota sa cura i metie.
Plus l'amava que nulha res,
Servia li si con cove.
Per luy servi[r] si trebalhava,
Quar aquest segle desprizava.
Margarita fon apellada
Esta toza que ieu ay nomnada...

Fin (fol. 48) :

Ben vos say dir en qual termini
Receup la dona son martire :
Quant les .xx. dies foren anast
Del mes de Jul e trespassast,
Al vinten jorn receup martire,
Si con es escrigh el saltiri [1].
Pero dic vos, nembre vos en,
Honras lo jornt quant i sserem :
Preguem aquesta glorriosza
Que lo dux volgra a esposza,
Que Dieus amava plus que ren,
Qu' am luy nos achapte merce.
La pas esperital nos don
Cel que enans le cegle fon
Pel prec de santa Margarita
Que demenet mot aspra vita.
Horem la tugh de bon talant (*sic*)
E preguem la cominalmens
Que ella nos facha hereties
Sus am los angels vont es Dieus,
Lay hont hom ses falhensa vieu
Am Jesu Crist lo payre el filh.
Aysi fenis sa paciont
D'aquesta dona, el cermont.
Dieu Jhesu Crist sie lauzat,
E pregem lo tug, s'a luy plas,
Qu'a las armas dont gauc e pas
Qu'am los angels agron solas,

Explicis (sic) *patio beate Margarite virginis et martiris. Amen.*

Ayso font fagh de [2] las vespras de sant Felip e de sant Jacme, de la festa de may, anno Domini .M°.CC°. lxxx° quarto.

Au verso du fol. 48 se trouvent quelques morceaux latins sans importance.

IX.

VIE DE SAINTE MARIE-MADELEINE.

Cette vie de sainte Marie-Madeleine est celle-là même que M. Chabaneau a publiée récemment [3] d'après un ms. exécuté en 1375 par le

20 *Le sens reste suspendu, il faut ou supposer une lacune ou corriger le vers.*

1. *C.-à-d. dans le calendrier qui précède le psautier dans les exemplaires faits au moyen âge.*

2. *Corr.* a.

3. *Revue des Langues romanes*, 3e serie, XI (1884), 157-88, cf. *ibid.*, XII, 106-33.

chroniqueur Bertran Boysset, d'Arles († vers 1414), par conséquent, postérieur au ms. Libri. Ce ms., après avoir fait partie de la bibliothèque Raynouard, appartient maintenant à un particulier. La vie n'offre pas un bien vif intérêt, ni par le fond ni par la forme. C'est une œuvre de la fin du XIIIe siècle, peut-être du commencement du XIVe, qui ne se recommande par aucune particularité notable. Cependant, comme les écrits de ce genre ont dû être nombreux dans la littérature provençale et qu'il n'en reste plus qu'un petit nombre, il est bon que celui-ci ait trouvé un éditeur. Le ms. de Bertran Boysset m'a paru supérieur en général à la copie de Peyre de Serras, qui est pourtant un peu plus ancienne. Celle-ci néanmoins fournit çà et là de bonnes variantes à l'autre texte.

Ad honor del Senhor que tot lo mont manten,
E fay vieyre los bons els peccados sosten,
Vuelh comensar .j. novel dechament (*sic*);
Per que ieu li clam merce, suplican humiment
Qu'el espire e mi per sa gran piatat
Con yeu puecá complir a sson laus mon deghat,
Et a lauzor de sella a cuy [el] perdonet
En l'alberc de Simon quan sos pes li lavet:
So fon la Magdslena de que vos vuelh parlar.
Mas al conmensamen merse li vuelh clamar
Que non li sie desplazer ni enueg, si li plas,
. . . .
Que yeu ho diray per so qu'ela n'aia plazer,
E aysi con perdon voc aysi conquerre[r]
E aysi, si li plas, nos deja acabar
. . . .

Aras comensem, senhor e donas, aserma vos d'auzir,
Et entendes et escoutas, vulhas ho retenir,
Et entendes la vida, que non fon hanc sa par,
De l'amiga de Dieu humil, familiar.
Qui vol ben enserquar lo som de la cadena
E[l] poyrie ben saber qui fon la Magdalena.
Se yeu ay tan legit escrit ay trobat
Que filha fon de .j. dux de real potestat:

---

11 *Corr.* Que nol sie. *Même faute dans le ms. Boysset.* — 12 *Le vers omis est* Que del sieu falhiment volray tener solas. — 13 *Ms.* quela la naia. — 14 *Ms. Boysset:* Et aisi con perdon volc mantener. — 16 *Le vers omis est* Ab cel bon Jesu Crist que li volc perdonar. — 17 *Ms. Boysset:* Aras comens, senhos, plasa vos de auzir. — 18 *Tout différent dans le ms. Boysset:* No parles ni tosas ni vulhas escupir. — 19 *Même leçon (sauf* Mas *au lieu de* Et); *M. Chabaneau propose pour ce vers une correction bien inutile.* — 23 *Ms. Boysset:* Et ieu ay tant legit et escrig e atrobat; *il faut probablement* Et ieu ay t. l. qu'e. ay atrobat, *ou*

Syrus hac nom som payre e dux fon de Syria,
De Sydoni atresi e de Maricinia
E senhor de Betania, si fon de Magdalon
28 . . . .

Ar parlem de sa mayre qui fon ni don ysi :
Eucaria l'apela lo libre qu'es aysi,
Nobla, de gran parage, de linage real,
32 Honrada de noblesza seguon aquella ley.
Li mage part vos dic de tot Jerusalem (v°)
Fon sieua eretat, en eyci o ligem...

Fin (fol. 66) :

1184 Aras fassan conort cels que peccat auran :
La santa Magdale davan los uols tenran,
E plorron lurs peccast e n'aion gran dolor.
Preguem la Magdale qu'azempre son senhor
1188 Que gran merce lur aia e lur fassa perdon
Dels mals que fahg auran, e del ben guizardon,
Ques ella o fara ; per so fon perdonada
Que perdon acaptes a la sieua maynada.
1192 Doncas, nos autre tugh que ayci sem vengut
Per auzir la sieua vida e la sieua gran vertut,
Li preguem humilmens e car sem peccadors,
Qu'il nos aia merce e pregue son senhor
1196 Quels mals que fagh avem e tot los falhimens,
Con que fag los aiam, els dezobediens,
Nos perdon, si li plas, aysi con perdonet
A sa cara amicga que los pes li lavet,
1200 E nos preste espazi con lo puscam servir
En esta prezent vida, amar et obezir ;
E cant venra la ora que nos deurem eysir
D'aquesta mortal vida, ella deja venir
1204 Am los pressios angels, e nos deja levar
Lay sus em paradis, denant Deus prezentar.

---

que e. ay t. — 28 *Le vers omis est* E de tota la terra que li esta de viron. — 30 *Vers omis dans le ms. Boysset.* — 31 *Corr. avec le Ms. Boysset* : de l. de rey. — 33 *La leçon du ms. Boysset est, selon M. Chabaneau qui propose une correction inadmissible*, Son sieuas creas. — 1184 (*Je continue à reproduire, pour faciliter la comparaison, les chiffres de l'édition de M. Chabaneau*) *Ms. Boysset* fasam consels que p. an. — 1187 *Ms.* Libri qua azempre. — 1188 *Ms. Boysset :* e nos fasa perdonar. *M. Ch. corrige* e nos *en* ens, *et conserve* perdonar, *ce qui l'amène à changer au vers suivant* guirardons *du ms. Boysset en* guerdonar. *C'est au contraire* perdonar *qu'il fallait corriger en* perdon. — 1193 *Suppr.* gran. — 1194 *Ms. Boysset :* que em tug. — 1197 *Ms. Boysset :* els dedesoblidem. — 1202 *Ms. Boysset :* v. al jorn. — 1204 *Le ms. Boysset omet* pressios.

X.

LA PRIÈRE DES SOIXANTE-DOUZE NOMS DE DIEU.

C'est la prière des soixante-douze noms de Dieu « comme on les dit en hébreu, en latin et en grec » dont il est fait mention dans le roman de Flamenca (v. 2286 et suiv.) et en maint autre ouvrage. On en possède plusieurs variantes. L'une, tirée d'un livre d'heures, a été publiée dans la *Revue des Sociétés savantes*, 2e série, III, 661. Une autre, tirée d'un des livres qui faisaient naguère partie de la littérature du colportage, a été citée par M. Ch. Nisard dans son *Histoire des livres populaires*, 2e édit. 1864), I, 151-2. Pour d'autres prières analogues, voir la préface de *Daniel et Beton*, p. cj.

Ayso son los .LXXIJ. nomes de nostre senhor Dieus Jhesu Crist, trobat escrig per salut de tost fizels crestians, car tost homs ho tota femna que los porta sobre si escript, degun mal enemic non li pot dan tener, ni pot perir en aygua ni en fuoc, ni em batalha per sos enemixs non pot esser mort, ni fouze ni tempesta non li pot dan tener. Et si dona prens trazia mal de son enfantament, e s'om desobre lo li metie, tantost delieurarie am la volontat de Dieu. Primom (*sic*) nomen est Ely — [1] Elei — homo — usyon — salvator — alfar — eo [2] — primogenitus — principium — finis — via — veritas — vita — sapiensia — virtus — paroclitus — mediator — agnus — hovis — vitulus — aries — leo — serpens — vermis — os — verbum — ymage — agla [3] — sol — lux — splendor — panis — fons — utis — lapis — petra — angelus — sponsus — pastor — profeta — sacerdos — immortalis — Christus — Jesus — pater — filius — Deus — spiritus — santus — omnipotens — mizricordie — caritas — crernus (?) — creator — redemptor — theragramaton — primus — novissimus — Samaritanus — Iaef — hic geren — hic geronay — gey — iamo — zachias — cazarny — ydonay — conditor — esmutabilis — fortis — heleyson — gloria — osum — bonum — . . . . . [4] (*fol.* 67) sacyo — sacraton — sacratorium — may — nay — pax —

XI.

PARAPHRASE EN QUATRAINS DU *PATER*.

Quatre vers sont employés à paraphraser chacune des propositions du

1. Ces — sont substitués ici, pour la commodité de la composition typographique, à autant de croix qui existent dans le ms.
2. *Cela veut dire* α *et* ω.
3. *Corruption d'*agalma ?
4. *Le bas de la dernière ligne est coupé.*

texte sacré. Du reste rien à signaler dans cette petite pièce qui n'a d'autre titre à notre attention que celui de se trouver dans le ms. Libri.

Pater noster qui es in celis,

Payre nostre rey glorios
Que ies el cel tot poderos,
Senher, vos es fons de tost bens,
4 Aujas nos per vostra merce.

Sanctificetur nomen tuum;

Lo vostre nom sie conogut,
Sanctificat et on[o]rat
E tostemps dignamen orat
8 Per tost sels que vos aves creat.

Adveniat regnum tuum;

Senher, si vos plas, aujas nos
El vostre regne glorios,
On aiam [tras] tugh compliment
12 De totz bens perdurablamens.

Fiat volontas tua sicut in celo et in terra;

Sie fagha vostra voluntat
En aquest mont ses tot peccat,
Si qu'el cel, ses tot faihiment,
16 Siam tug al jorn del jujament.

Panem nostrum cotidianum da nobis hodie;

Lo nostre pan material
Nos dona [e] l'esperital,
Si quel cors e l'esperit
20 D'entieyra vida sie ymplit.

Et dimitte nobis debita nostra sicut et nos dimittimus debitoribus nostris;

Perdona nos nostres peccat
C'avem fag ni dig ni pensat,
Si con voles que perdonem
24 A sels que nos fan hofendemen.

Et ne nos inducas in tempt tionem;

Senher, se vos plas, perdonas nos
De las malas temptacions;
Non sufras que siam perdust
28 Per l'enemic ni deseuput.

---

8 *Suppr.* tost *ou* vos. — 24 que nos, *pron.* quens, *de même v.* 29.

Sed libera nos a malo.

Pregam, senher, que nos deylieures
E de tot mal nos alegres
A vida et apres la mort
32 Si que vengam tug a bon port.
Rey glorios, senher plazens,
So que avem quist nos donas;
Non regardes nostres peccast,
36 An[s] nos dona veraya past. Amen.

XII.

LAMENTATION DE LA VIERGE AU PIED DE LA CROIX.

Ce poème, d'environ 200 vers, appartient à un genre qui est très largement représenté (trop, peut-être) dans la littérature provençale et surtout dans la française. Du texte même que nous avons ici je ne connais point d'autre copie. Les 36 premiers vers, toutefois, ont été transcrits à la fin du ms. de Stockholm qui contient la chanson de Fouque de Candie [1] et imprimés par M. Bartsch dans le *Jahrbuch f. röm. u. englische Literatur*, XII, 14-15. Dans le ms. de Stockholm, ces trente-six vers sont précédés de huit vers que M. Bartsch a considérés, à tort, comme faisant partie de la même pièce. Ce sont en réalité les huit premiers vers de la vie de sainte Marguerite qu'a publié le Dr Noulet [2]. La leçon du ms. de Stockholm est très souvent fautive et omet plusieurs vers, de sorte qu'il y aurait peu d'utilité à en rapporter les variantes.

Senhors e donas, per merce, (*f.* 68)
Escoutas e entendes me,
Que ieus vueh de Jesu Crist parlar.
4 Dousamens deves escoutar,
Quar novas que son d'aytal senhor
Venon, mot gent, am gran honor,
Las deurie hom forment entendre,
8 Escoutar, auzir et apenre.
Lo planh que la verges Marie
Fes tan engoysos aquel dia.

Lo jorn que los Juzieus trachors
12 Leveron nostre car senhor
En la cros don nos rezemet
Per lo sancte sanc que escampet,
Don deves aver piatat,

---

30 alegres, *corr.* aleujes?

1. Voy. le catalogue des mss. fr. et anglais de la Bibliothèque de Stockholm par M. G. Stephens, p. 124. Les indications données par M. Stephens ont été reproduites exactement par M. Geffroy dans ses *Notices et extraits des mss. concernant l'histoire ou la littérature de la France qui sont conservés dans les bibliothèques ou archives de Suède, Danemark et Norvége*; voy. *Archives des Missions scientifiques et littéraires*, IV (1856), 263.

2. Voy. *Romania*, IV, 484.

5 *Suppr.* son. *La leçon du ms. de Stockholm est également corrompu, mais*

Cant auzires [l'] humilitat
Qu'el mezey, payre glorios,
Sufri per las nostras amors,
Cant en la cros l'agron levat
Li fals Juzieus, aujas bontat
Que dis Jesu Crist en la cros :
« Payre, perdons faitz a trastost
« For[t] ti prec que perdon ti plassa,
« Car negun non sap que si fasa ».
Tug l'escarnien el menassavan
Li fals Juzieus e li gabavon.

La sieua mayre fon aqui
Que son filh sus en la cros vi
Am d'autras donas eysament
Que gran dol e gran mariment
Avien de nostre car senhor.
Totas ploravon de dolor,
Mays plus fort n'era engoysoza
La sieua mayre gloriosza,
A meravilhas fort irada, (v°)
Marrida e desconortada,
Car en son ventre l'ac portat,
Ses totta (*sic*) dolor enfantat;
Ella lo noyri, ella lo colquet,
Ela lo servi, ella l'alachet.
Qan la dona en cros lo vi
Am pauc de son sen non eysi.
« Fills », dis la dona, amic Jesu,
En la cros perque pendes [tu]?...

Fin (fol. 70 v°) :

San Johan era aqui prezens,
Irat e marrit e dolent
De so que los Juzieus fazien,
Car Jesu Crist en cros pendian. (*f.* 71)
D'aqui enan fon san Johan
De la dona filhs e compans.
La dona fon mayre de luy,
Hanc pueys nos partiron amduy.

AMEN.

XIII.

SERMON SUR LA PASSION.

Ce morceau et le suivant doivent avoir été écrits par Peyre de Serras en un autre temps que le reste. L'écriture est plus grosse, l'encre plus noire que dans les autres parties du ms. Le texte est peu correct, soit que P. de Serras ait mal copié son original, soit que les fautes remontent à cet original. Il est probable que ce sermon est traduit du latin.

(Fol. 71) *Beati qui habitant in domo tua, Domine; in secula seculorum laudabunt te* [Ps. I, 1]. Aquesta paraula es de David parlant a nostre Senhor, e vol dire : « Senher, benhaürat son aquels que habiton en la tieua mayzon, e lauzaran ti en segles del[s] segles », so es ses fin. Aquella benhaüransa la qual deziram naturalmens es en vezer, amar, temer Dieus en sa siensa, en quant es Dieus, car nostre entendemens, nostra volontat, nostra memoria de Dieu entendra amara segura [1] sera eternalmens, et ayso sera cant a l'arma, e cant al cors seran resplandors leuesza [2] subtititat...

---

d'une autre façon. — 17-8 *Stock.* Del veray p. g. | Que sufri en la cros per nos. — 40 *A ce vers s'arrête le ms. de Stockholm.*

1. Sic. *Il doit y avoir ici quelque faute.*
2. *Mot corrompu.*

Fin (fol. 81 v°) :

Dis S. Luc : Viron lo monument ; e con hera pauzat le cors d'aquel, e tornon s'en, et aparelheron enguens e cauzas ben hodorans, e per cert lo sapte calleron per lo mant dament [1]. Aysso fon en [2] (*fol.* 82) sobre aquestas paraulas dighas per evantgelistas ti done lo senhers Jesus apensant a la sieua honor et a proficgh de t'arma e de la mieua e de la sieua santa gleyza. AMEN.

XIV.

EXPOSITION DU *PATER*.

Ce traité, qui se poursuit dans le ms. 105 *b*, n'est autre chose qu'un extrait de la *Somme le Roi*, du dominicain Laurent. Le même morceau a été plus d'une fois copié à part. C'est ainsi qu'il se rencontre dans le ms. du Musée britannique Egerton 645 : voy. le *Bulletin de la Société des anciens textes français*, 1881, p, 48-9. On sait qu'il existe de le *Somme le Roi* une traduction provençale, dont nous avons à la Bibliothèque nationale trois mss. : les n°s 1049, 1745 et 2427 du fonds français. Mais le morceau que nous offre le ms. Libri n'est pas emprunté à cette traduction, comme on pourra s'en convaincre en comparant les quelques lignes rapportées ci-après avec le texte correspondant de la version complète cité en note [3].

(*Fol.* 82) Qui met l'enfant apenre letras, premieyramens li ensenha hom lo pater noster, et en ayssi ho deu hom far, car qui aquesta doctrina vol aver, mestiers li fay que esdevencgua en ayci humils coma enffant, car sols als humils dona Jesu Crist sa grassia. Et aysso es la plus bella e la plus profechabla doctrina que Jesu Crist ensenhet as haquels que la retenon e la entendon, car tal la cuja ben entendre et saber que non entent senon l'escorssa de la letra, al deforas ; et es bona, mas trop val mays la meszolla, so es lo sent esperital. Lo pater noster es mot brens em paraulas, mas el es mot lonc en centencia. Leugiers es a dir, mas greus es en entendre. La oracion del pater noster passa totas las autras oracions, et aysso en tres cauzas, so es en dignitat, en brevesza et en profiegh...

---

1. Sic, *en deux mots; cf. plus haut, p.* 508, *la rubrique* salut det *pour* saludet.
2. *Le sens ne se suit pas bien ; cependant il ne paraît pas qu'il manque un feuillet ici, comme on pourrait le supposer.*
3. *Bibl. nat. fr.* 1745, *fol.* 37 *d.* — Qui met .j. efan a letra, al comensamen hom li essenha lo pater noster. Qui aquesta doctrina vol aver, mestiers li fay que esdevenga humils coma effan, car sol al[s] humils dona Jhesu Christ sa doctrina, et aysso es la plus bella doctrina e la plus profechabla que anc Jhesu Christ essenhes ad aquel que la rete e ben l'enten, car tal la cuja be saber et entendre que non la enten, sinon la escorssa per deforas, so es la letra, et es bona, mays trop val mays lo mezoll, so es lo sen esperital. — Même leçon, sauf d'insignifiantes variantes, dans fr. 1049. fol. 74 *d*, 2427, fol. 53 *c*. Le ms. 1049 a *rusca* au lieu d'*escorssa*.

Cette exposition du *pater* se poursuit dans le ms. 105 *a* jusqu'au fol. 93, et occupe encore les ff. 51 à 54 du ms. 105 *b*. Voici l'endroit où il faut passer d'un tome à l'autre.

(*Ms.* 105 *a*, *fol.* 93 *v*o)... En haquesta peticio preguam nostre bon payre del cel que nos perdone nostres fortfast, en ayssi come nos perdonam ad haquels que nos an mal fagh ho digh, e nos fan mal ho dizon ; e dizem en ayssi : Payre nostre, perdona nos nostres Deu- (*ms.* 105 *b*, *fol.* 51)-tes en ayssi coma nos perdonam a nostre deutors...

Fin (ms. 105 *b*, fol. 54) :

En haquesta peticion demandam nos lo don del sant (*v*°) Esperit que es sancta paor, so es vera temmor de Dieu, am lo cal serem deylieuratz e gardatz de tot mal e del diable e de tost peccastz e de tost perils en aquest segle et en l'autre. AMEN.

XV.

LE *DOCTRINAL*, DE RAIMON DE CASTELNOU.

Enseignement religieux, médiocre au fond et dans la forme, qui a été publié d'après un ms. du Musée britannique par M. Suchier, dans ses *Denkmæler provenzalischer Literatur und Sprache*, I, 241. Ce ms. a perdu le feuillet qui contenait la fin du poème et le nom de l'auteur. Dans la note de sa publication, p. 537, l'éditeur a pu combler cette lacune, le morceau qui manque dans l'exemplaire de Londres lui ayant été communiqué d'après le ms. Libri. Actuellement M. Suchier est en possession d'une copie complète du texte de ce dernier ms. dont il fera vraisemblablement usage dans la suite de ses *Denkmæler*. Je me bornerai donc à transcrire ici sans commentaire les premiers et les derniers vers du *Doctrinal*. Il suffira pour le présent de dire que les deux mss. sont certainement indépendants l'un de l'autre, qu'ils offrent des divergences de leçons assez considérables et se corrigent souvent l'un par l'autre, mais qu'en somme le ms. de Londres m'a paru le meilleur.

Quant à l'auteur, Raimon de Castelnou, nous savons, par son propre témoignage, qu'il était noble (*cavalier*) et de fortune modeste. Je ne vois pas le moyen d'en savoir davantage.

Les Raimon et les Castelnou ou Castelnau étaient et sont encore fort nombreux dans le Midi, ce qui rend difficile l'identification du personnage. Un Raimon de Castelnau serait, d'après le chansonnier d'Urfé, auteur d'un *sirventes* qui n'est pas sans mérite [1]. Mais la même pièce est attribuée par le

1. Texte publié dans les *Gedichte der Troubadours*, n° 976.

ms. B. N. fr. 12484 à Peire Cardinal, dont elle rappelle en effet la matière [1], et ailleurs elle est anonyme [2]. Etant même admis qu'elle soit réellement l'œuvre d'un Raimon de Castelnau, qui nous est d'ailleurs inconnu, rien ne nous permettrait d'identifier ce Raimon avec l'auteur du *Doctrinal*.

Ms. 105 *c*, fol. 55 (xlvij de l'ancienne pagination) :

E nom de Dieu le paire qu'es una trinitat
E de la doussa vergi que Jesus a portat,
Comens .j. doctrinal que es tot de veritat,
E prec Dieu que m'esclaira e quem giet d'escurdat,
E que yeu sapia retraire tals ditz qu'el culha en grat ;
Que ieu soi tan fort pecaire que anc per son mandat
Non laissiey mon vejaire ni far ma voluntat,
Ni anc non penciey gaire en cen, mas en foldat.
Pero sel que es salvaire e es ples de piatat
Pot major perdon faire que nou son mos pecatz.

En aisso don conort lo rey selestial
Que dons non es confort ni respieg d'esser sal,
Tant ay obrat am tort e fag tants fols jornals,
Que ieu ay Dieus offendut en .vij. vissis mortals,
Que ieu soy avols, glotres et alsultres venals.

Fin (fol. 61 et dernier du ms. 105 *b*) :

Mon doctrinal s'asoma et es tot acabat
As honor del senhor per qui fon comensat,
E volgra quel sapes tota crestiandat,
Car molt homes hi a a qui fora grant obs

---

1. *Ibid.*, n° 975.

2. J'ai relu ce *sirventés*, dont la forme est assez commune, qui toutefois paraît supérieur comme style et comme idée au *Doctrinal*. Il s'y trouve un assez beau mouvement. « Si Dieu veut que les moines noirs fassent leur salut par la gourmandise et la luxure, les moines blancs par le mensonge, les Templiers et les « Hospitaliers par l'orgueil, les chanoines par l'usure, je tiens en vérité pour « fous saint Pierre et saint Andrieu qui souffrirent pour Dieu tant de peines. » M. Hauréau a cité une historiette, contée en termes analogues par Eude de Cherrington et par Jacques de Vitri, et dans laquelle un théologien, prêchant devant la cour à Paris, commençait ainsi son sermon : « Petrus et Paulus stulti« fuerunt ». Et comme il répétait cette parole deux ou trois fois, on lui en demanda l'explication, et il reprit : « Episcopi cum suis equis phaleratis, cibariis « delicatis, vestibus pretiosis, cum vitiis et deliciis credunt cœlum ascendere : « ergo Petrus et Paulus fuerunt stultissimi qui paupertatem, tribulationem, fa« mem et frigus sustinuerunt, si gloriam Dei ita de facili, ut nostri prælati, pos« sent obtinere » (*Mém. de l'Acad. des Inscr. et Belles-Lettres*, XXVIII, II, 257).

12 dons (*ou p.-é.* deus) *n'a pas de sens ici ; ms. de Londres :* Que d'als non iei respieg ni cofort. — 15 *Ms. de L.* Qu'eiu son avutz gulozes et adultres.

373 *La numérotation des vers est celle de l'édition.* — 376 *Corr.* atz (*ms. de Londres*).

(*Fol. 2 r°*) Ayso es lo g... *Le reste de la ligne est coupé* [1].

l'an de l'encarnacion de M. ccc. xlvij. dimars, a .v. jors del mes de jun, e fes eres Guilhem e Girvays fils siieus el ventre de sa molher, et a Douselina, filha sieua, laysava per sa verquieyra .l. florins sobre sos bens; testimoni Ricon Ayquart e mosen Esteve Rodels, capelan, Peyre Monnier, Philip Pintart, Rostan Fermin, Bertran Barge, Bertran Aycart, domicello del dig luoc; e maistre Peyre Barge, notari, escris la nota, e maistre Johan .... [2], notari de Gravezon, fes la quarta; costet de rezemer .j. flo. E ses sos enfan morien non sustutasis a presona del mon, per que ieu Peyre de Serras demandiey la mitat de bens, es rediey contra Jacme Aguadel, frayre sieu, .j. libel quem dehet [3] metie Hutgue Rostang avocat d'Avinhon. Costet d'ecriere am las copias .vj. s., part lo dehar [4], mays n'ac mecier Hugo Rostanh que dehet [3] lo libel, per son treball, .j. flo.

On voit que Peyre de Serras était un homme d'ordre qui notait exactement ses dépenses. Dans l'article ci-après, qui fait immédiatement suite au précédent, il nous fait connaître le résultat de sa demande. Le seigneur de Maillane, Peire de Benevent, personnage sur lequel nous savons bien des choses, et Monseigneur Esteve Alazart, qui nous est moins connu, rendirent une sentence aux termes de laquelle notre Peyre de Serras et son beau-frère furent admis à se partager les biens du défunt. Suivent les noms des arbitres chargés de la répartition, et la désignation des biens. Il y a là des noms de lieux que devra recueillir celui qui entreprendra de faire le dictionnaire topographique des Bouches-du-Rhône. L'identification de ces lieux-dits est impossible avec Cassini; on trouverait sans doute un précieux secours dans l'ancien compoids de Maillane, qui date du XVe siècle, si j'ai bonne mémoire, mais qui n'est pas à ma portée en ce moment.

It. mays, per .vj. jornadas que ieu tengui a Malhana per ayso contra Jacme Aguadel, meti per jorn .iiij. s. sa tacsacion de juge, mays per .iij. jors que li [5] . . . . .

Es en Peyre de Benevan senhor de Malhana e mosen Esteve Alazart doneron sentensia que ieu e Jacme Aguadel particem los bens dels dis enfans de Pons Aguadel frayre sieu e de ma sore, molher sieua, la rediera Andrieua

---

1. Il y avait peut-être *lo gadi* (testament) *que fes Pons Aguadel*, ou l'équivalent.
2. On croirait lire *Amiolhau?* Il y a plus loin, fol. 2 r°, un « maistre Johan Amiel, notari de Gravezon ».
3. Pour *dechet*.
4. Pour *dechar*.
5. Les mots *mays per... li* ont été ajoutés après coup et tracés avec une encre très pâle.

e mezem ho en Peyre Venosca e Peyre Barge, que fezesons las partidas, e fon dimars[1] a .xv. del mes de ginoier.

Premeyramens venc a ma partida .j^a. terra en Altaves[2], confronta dos dos part am Duran Marc et am los eres de Rostang Venosca, .v. sestayradas.

Item mays, en lo terrador sobredig, tenen am Peyre Monnier et am lo carayron d'Altaves, .ij. sestairadas.

(*v°*) Item mays, sobre los horst, tenen am Johan Ferram (?) et am Johan Rollan, .j^a. terra, .j^a. sestairada.

Item mais, tenen am Inart de Ayguiera[3] et am lo camin del molin de Malhana[4], .j^a. mayszon.

Item mays, en la peinrazon[5] tenen am Bertran Jordan et am son frayre e am Jacme Rodelh, .j^a. terra de .ij. sestayradas, pauc may ho pauc men, fracquas[6].

Item mays, sobre lo guorc de San Johan, tenen am los heres dau combarge (?) et am Peyrec es Berart am terrados, .ij. sestayradas de vinha, pauc mays o mes, fracquas.

Item mays, al molin vielh, d'autramen dig a Guay, tenen ab la vinha de Jacme Borrian et am lo camin public, .ij. sestayradas de vinha que fa taqa[7] a sen Peyre de Benevent senhor de Malhana en partida.

Item mays, a la vie del pon, tenen am Raymon Aguadel et am la lolha des esberrats[8], la mitat del prat, la mitat des la vilha de Malhana, que son .ij. sestayradas; tot lo prat, e ven a ma part .j. sestayrada e s.[9], e totas las cauzas que ieu li pogra demandar ho el a mi, ho d'aco que avie paguat entro lo jorn sobredig, aquitiem l'un l'autre; e se deutes i venien, que cacun si defendes de sa partida. E d'ayso fes la carta maistre Johan Amielh, notari public de Graveson, dimecres a .xv. jors del mes de ginoier .M. ccc. liiij.[10] a Malhana.

It., bayliey li per la nota .ij. s. vj. d.

---

1. Il faut corriger *dimars* en *dimecres*, ou *xv* en *xiv* pour mettre cette date en rapport avec celle qui est inscrite à la fin de cet article, ci-dessous, ligne .

2. L'Autavés est une partie du territoire de Tarascon, située à l'est de cette ville et sur le chemin qu'on suit pour aller à Maillane. J'ai donné sur cette localité, où il n'y a jamais eu que des habitations isolées, quelques renseignements dans la *Romania*, II, 431.

3. Le ms. porte *da dayguiera*. Eyguières, chef-lieu de canton des Bouches-du-Rhône.

4. Douteux, le mot est barbouillé.

5. Il a voulu dire *penhorazon*.

6. C.-à-d. *francas*.

7. *Ms.* taqa *avec un signe d'abréviation sur le* q.

8. *Esberrats* est peut-être un nom propre, mais je n'entends pas ce qui précède.

9. C.-à-d. « et demie ».

10. Le 15 janvier 1354, selon notre manière de commencer l'année, était un mercredi. Il faut donc supposer que P. de Serras commençait l'année à la Noël. A Tarascon l'année commençait le 25 mars.

(*Fol.* 3) It. mays, per aquo que n'ac lo notari per la carta, que montet la mieua .j. flo. »

Suit, d'une écriture postérieure, le début de l'évangile de saint Jean. Le reste de la page est blanc, comme aussi le verso du même feuillet.

Le feuillet 4 commence ainsi :

It mays, per lo plach de Raymon Avinhon de Malhana, d'autramens apelat Robinet, conhat mieu, e de ma sore mieua Guilhelma, molher de Raymun so[bre]dig, per .j. deghat que deghet mecier Hucguo, notari, savi en dreg, premieyramens per escrieure .iij. s.

It. mays, pelo dehat que n'ac meçie Hucguo per son trebalh .j. flo.

It. may, per .j. libel que mi fes mecie Hucguo Rostag, que n'ac per rescriere e per dehar, de tot 1 fl.

Dissapte, a .j. de febrier, l'an .M. ccc. liiij.

It. mays, lo prior de San Peyre de Malhana, coliandre et hanis .j. lb., e per lo masapan [1] .x. s.

It. mays, per .j. masapan de quodonat [2] que pezet .j. lb. .j. q., monta, tot .iij. s.

. . . .

Le verso du fol. 4 est blanc.

(*Fol.* 5) Dilus a .viij. de febrie fezi percurados a Vezenobre mosen Pons Andrieu e Johan Noguier de Vezenobre, de tot aquo que ieu i ay, que ellos puecon vendre e s'aquitia de tot, e ses mi puecon vendre ho donar, e fayre a lus voluntas. E d'ayso fes la nota maistre Giraut notari que stava en l'ostal de sen Raymun Panier de la Lauzieyra, e fon fagha la nota en l'ostal de mosen Pons Andrieu detras la gleyra, l'an .M. ccc. liij.

Pagui per la nota d'aquella moneda, a .xvj. s. lo flo., .j. s.

Du fol. 5 v° au fol. 7 r° se trouvent divers articles cancellés. Je reprends au fol. 7 v° :

(*Fol.* 7 *v°*). L'an .M.ccc.liij., a xj jors de dezembre, tramezi a Malhana .j. andes [3] que l'en portet Inart Avinhon, fil de Inarda, que costet .vij. s. .vj. d.

It. mays, quen portet Acnes la sirventa .j^a^. amolha [4], .ij. copas et .j. holieya plena d'oli e .j. calhelh e .ij. candelabres, .j. nou et .j. viel, e tot no [5] porte en .j. cabas [6] mieu

---

1. Boîte en bois léger, voy. le dictionnaire de Mistral.
2. Du cotignac, confiture de coing.
3. Un landier. Manque dans Raynouard.
4. Une ampoule; le prov. mod. possède encore le diminutif *amouleta*.
5. Corr. *ho* ?
6. Ce mot, qui manque à Raynouard, ne se trouve en français que depuis le XIVe siècle; voy. Littré et du Cange, CABACIUS, CABASSIO.

It. may, mi deu mo honcle la resta de .jª. pala de ferre que compriey, que costet .vij. s. vi d.; trames mi .v. s., resta que mi deu .ij. s. .vj. d.

It. mays, dimars .x. desembre [1] .M.ccc. lv., zzbre [2], canella fina, .j. qr .iij. s. .vj. d.

It. mays, per la letra de la penedesarie que mi baylet monsen Guilhem capellan, paguiey li ieu .v. s. .x. d.

L'an .M.ccc.liiij., a .xxv. jors de may.

Item, deu pe .j. coutel de Niza que li portiey a Malhana, monta .viij. s.

It. mays, mi deu per fruha a qualenas, figuas, avellanas, datils, monta .vj. s. .vj. d.

Remembransa cie que yeu Peyre de Serras, compriey .j. mortier de metal que era del juzieu que fa los libres, per pres de .xxj. d. la lb., pezet net .lxxxxviij. lb.; monta .viiij. l. .xj. s. .vj. d. [3]

E mezi lo mortier en l'ostal de Ishacon juzieu, coratier, l'an .M.ccc.lv, dijos a .vij. de ginoier [4].

It. mays, per lo pes e per port .vj. d.

. . . .

(*Fol.* 8) Remembransa cie que yeu Peyre de Serras bayliey a Gaujosza la petita Catarina ma filha, a bayla; devie li donar de .xv. jors de setembre entro san Miquel e de sens Michel en .j. an, .xij. flo. Bayliey li de prezen .iij. flo., e .ij. ne bayliey a Jacme Guacha, d'autramens apellat Birro, en prezensia de Peyre Chabert e de Peyre de don d'Ayragua, e fon sobre lo banc de Birro, davant son hostal.

It. mays li prestiey ad Avinhon, a la digha Gaujoza per comprar sabatas .v. s.

It. mays li bayliey dimergue a .xxj. de dezembre [5] que li bayliey a son ostal .j. fl. bon.

En l'an que hom conta .M.ccc.clv. el premier jour del mes de mars fezem pres Perot Laurens d'Ayraga que sa molher deu alachar ma filha del jorn sobredig en .j. an per pres de .viij. flo. l'an [6], dels quals li bayliey de prezent .iij. flo.

It. mays li bayliey em paga aquo que deu Gilet lo Sabatier, que el ho pres em paga, que mi devie de resta, conte fag amb el .j. flo. .v. s.

E fes si lo mercat en l'ostal de Johan Martin d'Ayraga a prezensia del

---

1. En 1355, le 10 décembre tombe un jeudi.
2. Est-ce du gingembre ?
3. Le calcul n'est pas exact.
4. En 1355, le 7 janvier est un mercredi ; c'est en 1356 que ce jour tombe un jeudi. Il paraît donc qu'ici P. de Serras ne ferait commencer l'année qu'au 25 mars, mais il est probable qu'il a écrit 1355 au lieu de 1356 ; cf. la note qui suit.
5. C'est encore en 1356 que le 21 décembre est un mercredi ; en 1355 c'était un lundi.
6. En 1435, à Arles, la pension d'une petite fille de deux ans confiée à une nourrice était de vingt-six florins par an ; voy. *Le Musée d'Arles*, 1878, p. 40.

dig Johan e de sa molher e de Gillet e de sa molher, prezen lo dig Perrot Laurens, l'an el jorn sobredig.

Je ne possède sur Peyre de Serras d'autres renseignements que ceux qu'il est possible de déduire des documents contenus dans son manuscrit. Mais c'est assez pour nous apprendre qu'il possédait sur le territoire de Maillane des biens assez considérables, du chef de sa femme, fille et héritière pour une part de Pons Aguadel, qui était établi à Maillane. Sa sœur y était mariée (ligne 51). Mais lui-même n'y habitait pas, au moins ordinairement, car nous le voyons noter ses frais de séjour à Maillane lors du procès qu'il eut avec son frère pour y recueillir sa part de l'héritage de Pons Aguadel (ligne 14), et ailleurs il fait mention d'objets envoyés à Maillane (ligne 70). D'autre part il avait des intérêts à Vezenobre, à quelques kilomètres au sud-est d'Alais (lignes 62 et suiv.). Aucun passage n'indique avec certitude le lieu de sa résidence habituelle. Cependant on peut à cet égard former une conjecture assez vraisemblable. Il habitait probablement dans une ville. Ce n'est pas dans un village qu'il a pu acheter d'un juif le mortier désigné à la ligne 85, et comme le lieu où résidait ce juif n'est pas mentionné, il est probable que c'est le lieu même où vivait l'acquéreur. Les villes les plus rapprochées de Maillane sont Tarascon au sud-ouest, Saint-Remy au sud-est et Avignon au nord. Il faut écarter les deux premières de ces villes qui sont trop rapprochées de Maillane pour que P. de Serras ait eu besoin, s'il avait habité l'une d'elles, d'aller s'établir à Maillane pour les affaires de sa succession. Je crois donc qu'il habitait Avignon. Et ce qui me confirme dans cette opinion, c'est la mention d'un paiement fait à Avignon (ligne 97).

Quant à l'origine de Peyre de Serras, on n'en peut rien dire d'assuré, le nom de Serras étant assez répandu dans les contrées montagneuses du midi.

Parmi les personnes qui sont mentionnées dans les comptes ou mémoires de P. de Serras, il n'en est qu'une à qui nous puissions rattacher des notions biographiques précises. C'est le seigneur de Maillane Pierre de Benevent (lignes 37, 38). Les renseignements, et ils ne sont pas des plus favorables, abondent sur ce personnage dans les archives de la Chambre des comptes de Provence. En voici quelques-uns que j'emprunte au tome I de l'*Inventaire sommaire*[1] *des archives des Bouches-du-Rhône* rédigé par M. Blancard. Peire de Benevent paraît avoir passé sa vie à dissiper son patrimoine. Son père, Jacme de Benevent, lui avait donné l'exemple.

1. *Inventaire sommaire* est le titre officiel ; dans le cas présent, fort heureusement, l'inventaire est aussi détaillé que le comporte la valeur des documents inventoriés.

En 1322, celui-ci passa une obligation, au profit d'un juif, pour une somme de 1,900 sous coronats provençaux[1]. La même année Jacme et Peire de Benevent, père et fils, passent une nouvelle obligation de 512 livres 13 sous 10 deniers[2]. En 1324 Peire de Benevent est à Rome[3]. De 1325 à 1328, les archives mentionnent quatre nouvelles obligations[4]. En 1328, P. de Benevent est excommunié par le vice-légat d'Avignon[5]. La même année il vend une maison et un jardin à un marchand florentin appelé Robert Cavalcanti[6]. En 1332 il vend à Rostanh Gantelmi, de Tarascon, pour le prix de 1,600 florins d'or, des terres situées au territoire de Maillane[7]. Mais le prix de la vente est retenu par la cour, et les créanciers du seigneur de Maillane sont invités par une proclamation à faire valoir leurs droits[8]. Quittance est donnée par P. de Benevent de ladite somme de 1,600 florins au profit de la cour[9], et c'est la cour qui paye les créanciers de P. de Benevent et reçoit leurs quittances[10]. Depuis lors, P. de Benevent ne fait plus parler de lui, et la seule mention que j'aie sur lui est l'hommage qu'il fit en 1351, avec les autres seigneurs provençaux, entre les mains du sénéchal de Provence Raimon d'Agout. Je donne en note cet acte que mon savant confrère, M. Blancard, archiviste des Bouches-du-Rhône, a bien voulu copier à mon intention[11].

---

1. Arch. des B.-du-Rh., B 455.
2. *Ibid.*, B 462.
3. *Ibid.*, B 463.
4. *Ibid.*, B 465, 468, 469, 472.
5. *Ibid.*, B 472.
6. *Ibid.*, B 474.
7. *Ibid.*, B 482. Je dois à l'obligeance de M. Blancard une copie de cette pièce qui renferme beaucoup de noms d'habitants de Maillane. J'y relève le nom de « Bertrandus Barges, canonicus et elemosinarius Avinionis » qui peut être identifié avec le Bertran Barge mentionné par Peyre de Serras (l. 6), et aussi « Petrus Barge Isnardus Avinionis », et divers membres des familles Firmin, Pintart, Venosca, tous noms qui figurent dans les comptes de Peyre de Serras.
8. *Ibid.*, B 485.
9. *Ibid.*, B 489.
10. *Ibid.*, B 490, 491, 492, 493.
11. (*Fol.* 1) In nomine Domini nostri Jesu Cristi, amen. Ex tenore hujus scripti publici pateat universis tam presentibus quam futuris quod anno a nativitate ejusdem Domini millesimo trecentesimo quinquagesimo primo, die nono marcii quarte indictionis, pontificatus sanctissimi in Cristo patris et domini domini Clementis, divina providentia pape sexti, anno nono, constitutus coram magnifico et potenti viro domino Raymundo de Agouto, milite, vallium Saltus Olleque domino, comitatuum Provincie et Forcalquerii senescallo, procuratore illustrium dominorum dominorum Ludovici et Johanne, Dei gracia regis et regine Jerusalem et Sicilie comitatuumque predictorum comitum, ad recipiendum a comitibus, baronibus, universitatibus locorum omnium comitatuum eorundem et terre circumjacentis eisdem, ecclesiarum prelatis et aliis personis singularibus in eisdem partibus constitutis, nomine et pro parte ipsorum dominorum et utriusque eorum, tanquam dominorum naturalium eorundem comitatuum et terre eis cir-

Je crois utile de donner ici la table des noms qui figurent dans le comptes de Peyre de Serras :

---

cumjacentis ejusdem, homagium ligium et fidelitatis debite juramentum. . . .
. . . .
(*Fol.* 9 v°, *l.* 12), Nobilis Petrus de Benivento, condominus de Malhana, intellecto etc, pro omnibus que tenet sub dictorum dominorum dominio, in dicti executione mandati, flexis genibus et junctis manibus, capite discooperto, pure et absolute, prout ipse et predecessores sui fecerunt alias et est de jure astrictus, eidem domino senescallo, recipienti procuratorio nomine predictorum dominorum et utriusque ipsorum, fecit homagium ligium, interposito osculo, et prestitit fidelitatis debite, tactis ambabus manibus sacrosanctis Euvangeliis, juramentum, juribus suis, privilegiis et libertatibus semper salvis ; promittens etc. Ipsa autem homagium et sacramentum fidelitatis dictus dominus senescallus et procurator recepit, salvo jure regie et reginalis curie, domini Jacobi Gantelmi, militis, et persone cujuscunque. De quibus dictus dominus senescallus petiit instrumentum, et dictus Petrus aliud. Actum ut supra (*c.-à-d.* « in civitate Aquensi, in camera magna nova regii et reginalis palacii, » fol. 2 v°, l. 21) presentibus predictis domino Majore Judice et Guidone ac Johanne etc.

(Arch. des Bouches-du-Rhône, B 758).

Pons Aguadel, 19.
Pons Andrieu, mosen —, 63, 66.
Raymon Aguadel, 39.
Raymon Avinhon, de Maillane, dit Robinet, beau-frère de Peyre de Serras, 50, 52.
Raymon Panier de la Lauzieyra, 66.
Rican Ajuuart, 5.
Rostan Fermin, 6.
Rostang Venosca, 23.
San Johan, lo guorc de —, 33.
San Peyre de Malhana, lo prior de —, 58.
Vezenobre, 63.

J'ai donné la presque totalité des comptes de Peyre de Serras. Ce que j'ai laissé de côté est peu de chose et n'ajouterait rien d'important à l'idée que nous pouvons nous former de l'auteur et de sa manière d'écrire. J'ajouterai quelques mots sur sa langue. Son instruction était médiocre. Il avait étudié le latin, mais les fautes sans nombre qu'il commet lorsqu'il lui arrive d'en copier montrent qu'il le savait fort mal. Il n'est pas moins évident qu'il ne connaissait sa propre langue que par l'usage. Quoique les textes qu'il a recueillis et qui, pour la plupart, ne nous sont connus que grâce à lui, soient d'un style simple et facile à entendre, il paraît bien qu'il ne comprenait pas toujours ce qu'il copiait. Si l'on aurait pu souhaiter à l'honnête Peyre de Serras un peu plus de littérature, il y a du moins cette compensation qu'écrivant sans aucune préoccupation orthographique, il nous a laissé un témoignage authentique de la langue qu'on parlait à Avignon au milieu du XIVe siècle. Ce témoignage, j'ai hâte de le dire, n'a sa pleine valeur que dans les écrits qui émanent entièrement de Peyre de Serras, c'est-à-dire dans son livre de raisons. Dans le reste du ms., les formes habituelles du copiste se mêlent aux formes que présentaient les textes copiés. C'est donc la langue des comptes ci-dessus publiés qu'il me paraît surtout intéressant d'étudier. Les faits que nous y remarquerons sont toutefois peu nombreux.

Peyre de Serras n'a plus aucune notion de la déclinaison : il ne connaît qu'une seule forme pour chaque nombre ; il emploie *Hucguo* au cas sujet (lignes 52, 54, 55). Le testament marseillais de 1316 publié par M. Raynaud dans la *Romania* (VIII, 104-7), et dont la graphie est si étrange, nous montre déjà la même réduction des formes casuelles. Si je fais cette remarque, c'est que plus au nord, sur les confins du Vaucluse et de la Drôme, j'ai pu constater, jusque dans la seconde moitié du XVe siècle, quelques traces de la distinction du cas sujet et du cas régime.

L'*a* atone final, précédé d'un *i*, s'affaiblit en *e*, dans *vie*, l. 39, *avie*, l. 42, *cie* (pour *sia*) l. 85, 91. De même III, 85-8, 117, etc. C'est un fait dont on a bien d'autres exemples.

L'*s* suivi d'une consonne disparaît dans *ecriere* (pour *escrieure*), l. 12, dans *Inard*, l, 28, 70, *Inarda*, l. 70, *cacun*, l. 43, *puecon*, l. 64. Cf.

plus haut (§ IX) dans la vie de sainte Marie-Madeleine, v. 6, *pueca*, et dans le *Gardecorps* (III) *puecca*, v. 133, 150. On lit aussi dans le testament marseillais précité *tetamen* (pour *testamen*), l. 2, *puca* (pour *pucsca*, *pusca*), l. 32. P. de Serras écrit cependant *resta*, 75, 76, *costet*, 70. La tendance qu'il avait à prononcer *es* comme *e* l'entraîne à écrire *es* pour la conjonction *et*, en des cas où elle n'est pas suivie d'une voyelle et où, par conséquent, il n'y a pas lieu de prononcer *ez*. En général, devant une voyelle, il écrit *et*, mais nous trouvons *es* devant une consonne, l. 10, 34. La même graphie se rencontre accidentellement dans les copies, ainsi III, 113.

R suivi d'*s* tombe après la tonique, ce qui n'a rien que de tout à fait ordinaire à cette époque. Dans *andes*, l. 70, *terrados*, l. 34, *lus* (pour *lurs*), l. 65. L'*r* final tombe dans *mecie*, l. 54, 55, à côté duquel on trouve *mecier*, l. 13, 52; de même *febrier*, l. 57, et *febrie*, l. 62. Les copies nous offrent de plus divers exemples de la chute de l'*r* des infinitifs : *vesti*[*r*]*s*, III, 19, *pensa*[*r*], III, 118, *demostra*[*r*], IV, 190, 202, *meravilha*[*r*], IV, 149, etc. — Remarquons, l. 82, *pe* pour *per*; de même dans le mystère, v. 510.

Je ne trouve pas, dans les comptes, d'exemple de passage d'*r* en *z*; pour *z* devenu *r* on peut citer *gleyra*, l. 67, mais dans le reste du ms. j'ai remarqué plusieurs exemples de l'un et l'autre cas, notamment dans le *Doctrinal* (§ XV).

Le groupe latin C T devient souvent *gh*: *degat*, *deghet*, l. 52 (dictatum, dictavit); *fagha*, l. 66 (facta); cette graphie se rencontre çà et là dans les copies de Peyre de Serras, ainsi *fagha*, IV, 91; XI, 13, *deghat*, IX, 6. Il arrive aussi que notre auteur omet le *g*, d'où *dehat*, l. 12, 56, *dehat*, l. 54, *fruha*, l. 84.

Le groupe T S se réduit ordinairement à *s*, ce qui est à peu près normal à l'époque où vivait P. de Serras : *dis*, l. 18, *voluntas* (voluntates), l. 64, *pres*, l. 86, 103. Ce qui est moins usité, c'est l'interversion du groupe T S, devenant ainsi S T. Nous trouvons dans le livre de raisons *horst*, l. 36, dans la table des dimensions des torches placée en tête du nº 105 *a* (ci-dessus p. 490), *brandonest*, pour *brandonetz*; et en d'autres parties du ms. : *menust*, IV, 2; *vengust*, IV, 79; *tost* (totos ou totus) IV, 215, 372, V, 11, VIII, 10, XI, 3, 8; *molherast*, VII, 43; *peccast*, IX, 1186, XI, 35, *perdast*, XI, 27, de même *past* (pacem), XI, 36, *mots*, VIII, 4, pour *mots* (multos).

Cette interversion n'est pas fréquente ailleurs. Je trouve *tost*, dans le Testament marseillais précité (l. 96), où se sont donné rendez-vous toutes les bizarreries imaginables, mais les exemples du même phénomène apparaissent avec assez de régularité dans certains textes de Montpellier, mais avec une nuance. Dans l'ancienne traduction des coutumes de

Montpellier qui fait partie du *Petit Thalamus* publié par la Société archéologique de Montpellier, je lis, p. 5, *tengustz* (cas sujet du sing.); p. 7, *partstz* (partes); p. 9, *tostz* (totos); p. 11, *tengustz* (suj. plur.); *comessatz* (suj. sing.), *forsastz* (suj. sing.), *pergastz* (suj. sing.); p. 13, *gitastz*; p. 15, *fustigastz*, *condampnastz*, *viltastz* (vilitatis), *tengustz*, *justiziastz*, *vendustz*, *crezustz*, etc.

A proprement parler, il n'y a pas interversion de *t s*, mais addition d'un *s* avant le *t*, car tous les exemples offrent, comme on vient de le voir, la terminaison *stz*, et là où il n'y a pas *z* final, il n'y a pas non plus d'*s* avant le *t*, ainsi *establit*, *amonestat*, p. 11, *adobat*, *saupul*, p. 12, etc. Mais ce fait est précisément la preuve que l'origine de cette terminaison est bien l'interversion de T S; seulement, l'interversion opérée, le copiste a cru pourtant utile d'ajouter le *z* de flexion, ne se rendant pas compte qu'il l'avait déjà écrit avant le *t* sous forme d'*s*. Il s'est ainsi formé une sorte de terminaison *stz* que le même copiste du Petit Thalamus introduit là où elle n'avait que faire : *fastz*, p. 13, à côté de *fags* (factus ou factos).

La même particularité se manifeste de temps à autre dans le ms. du Musée Britannique Harl 7403, dont l'origine ne peut être déterminée que par conjecture [1].

Envisagée au point de vue purement phonétique, l'interversion de T S est certainement analogue à celle de T S ou T C H, venant d'un *c* latin initial (ou dernière consonne d'un groupe) suivi d'*a*, et devenant S T, que M. Bauquier et M. Cornu ont signalée en certains patois de la Savoie et de la Suisse [2] : cantare (*tsanta*), *stanta*.

Les troisièmes personnes du pluriel ayant pour point de départ le latin ant sont en *on*: *puecon*, subj. de *poder*, l. 64. Quand un *i* précède, la terminaison est en *en* : *morden*, l. 9. C'est exactement l'état de choses qu'on observe actuellement dans la plus grande partie de la Provence [3]. Les copies offrent une variété qui s'explique par la différence de leurs origines. Les terminaisons sont en général *on* et *en*, selon les deux cas indiqués, mais il y a aussi des finales en *an* : *etant*, VII, 127; *menassavan*, XII, 25.

Dans la vie de sainte Marguerite (VIII) le *t* final est souvent conservé : *reseupront*, 8, *ausiziont*, 10, *ausizient*, 26 (à côté de *volien*, II, et d'*ausi-*

1. Par ex. *aujastz*, *esvasistz*, voy. Suchier, *Denkmäler d. prov. Literatur u. Sprache*, I, 486.
2. Voy. *Romania*, V, 496, VI, 447.
3. *Romania*, IX, 202.

zien, 18), *colient*, 19, ce qui pourrait indiquer que la copie transcrite par P. de Serras avait été faite dans le nord du pays de langue d'oc[1].

En somme le recueil que nous devons à la diligence de Peyre de Serras offre d'intéressants spécimens du genre de littérature auquel on s'intéressait dans le midi de la France à l'époque qui suit la fin de la poésie des troubadours. Les recueils de ce genre, étant ordinairement en papier et d'une apparence peu élégante, ont rarement échappé aux chances de destruction. Entre ceux, en bien petit nombre, qui nous sont parvenus, on pouvait signaler le ms. donné il y a quelques années à la Bibliothèque nationale par M. Didot, et d'après lequel j'ai publié la chanson de geste de Daniel et Beton. C'est un ms. exécuté en partie dans l'ouest, en partie dans le centre des pays de langue d'oc. Celui dont je viens d'achever la description appartient à la région orientale et diffère totalement du précédent par sa composition, encore bien que l'un et l'autre contiennent un mystère et consistent essentiellement en pièces religieuses.

Formé en France, conservé en France jusque vers le milieu de ce siècle, le ms. de P. de Serras serait encore actuellement à Tours sans la fraude de Libri. Puisqu'il est désormais sorti de nos mains, il était urgent que les documents qu'il contient fussent décrits et, dans la mesure utile, publiés en France. C'est à quoi j'ai voulu pourvoir par la présente notice. J'y joins, pour terminer, la Table des morceaux édités en entier.

TABLE DES ARTICLES DU MS. LIBRI 105.

1. Voy. *Romania*, IX, 203.

Paul MEYER.

www.ingramcontent.com/pod-product-compliance
Ingram Content Group UK Ltd.
Pitfield, Milton Keynes, MK11 3LW, UK
UKHW022138190726
13855UKWH00003B/1224

9 782013 055611